アベノミクス崩壊

その原因を問う

はしがき――アベノミクスとは何であったか

安倍晋三政権下、貧富の格差がますます拡大している。貧困化がいっそう深刻になっている。大企業（上場企業）は、２０１５年度も引き続き過去最高益を更新しそう。上場企業の株主配当総額は、史上初めて10兆円を超える。３年連続の記録更新である。

対極では、非正規雇用が４割に達し、年収２００万円未満の人びとが１１００万人を超えた。実質賃金は低下しつづけ、「貯金ゼロ世帯」（二人以上世帯）が30％台に乗った。国民のほとんどが「明日のみえない生活」に不安を募らせている。雇用（仕事）と社会保障という「暮らしの両輪」がガタガタになり、戦争の足音まで聞こえる。

アベノミクスと呼ばれる安倍政権の経済政策が、大企業を大儲けさせている。そこまでは筋書きどおりだが、内需を犠牲にしたその手法が酷《ひど》すぎるため、「経済の好循環」は幻に終わった。「世界一企業が活動しやすい国」にするという安倍政権の強欲がアベノミクスを自らつぶした。自業自得を絵に描いたような展開であった。

アベノミクスを蘇生させようと、政権は、その「第2ステージ」の売りとして「一億総活躍社会」なる珍策・愚策を打ち出した。だが保育園に落ちた母親の「女性の活躍」を揶揄《やゆ》する一ブログで大揺れの安倍政権である。このほど世界フォーラムが公表した「ジェンダー・ギャップ」をみよ。日本は145カ国中、106位（経済分野）だ。男女雇用機会均等法施行30年というのに男女の賃金格差は主要国中一番大きく、非正規で働く女性は増え続けている。

もっとも、安倍政権最大の野望は、経済ではない。繰り返し強調される「戦後レジームからの脱却」とは何か。「天皇を元首に戴《いただ》く軍事大国」の再興こそ、安倍晋三の本望であり、安倍政権最大の野望である。憲法を蹂躙《じゅうりん》して昨秋強行された戦争法（安保法制）は、そのステップである。「天皇を元首に戴く戦争する国」＝「戦争しないではいられない軍事大国」にジャンプするため、憲法の「明文改憲」＝「平和憲法の破壊」を公言している。そのために7月の参議院選挙で「改憲勢力」を3分の2以上にしたい、これがアメリカと財界を後ろ楯とする安倍政権の願望である。東日本大震災や熊本大地震を口実に「お試し改憲」として憲法第9条改悪を迂回《うかい》し、「緊急事態条項」創設を先行させる策も取り沙汰されている。だが、緊急事態条項＝国家緊急権自体が立憲的憲法秩序を一時的に停止し、ナチスドイツのような独裁を生む危険性を孕《はら》む。

安倍政権がアベノミクスに課したねらいは二つであった。一つは、経済優先＝「デフレからの脱却」を標榜《ひょうぼう》し、政権基盤を強めながら、安倍政権最大の野望である「天皇を元首に戴く軍事大国づくり」を隠蔽《いんぺい》することである。鎧《よろい》を隠す衣としてのアベノミクスということだ。いま一つは、これが本丸で、軍事大国＝「戦争する国」の経済的基盤づくり＝経済の軍事化である。

一つ目のねらいは、「トリクルダウン」論のウソの表面化、「経済の好循環」ならぬ「悪循環」の露呈で、すでに頓挫・崩壊した。二つ目のねらい（安倍政権最大の野望）は、戦争法反対の国民の市民革命的な運動によって矛盾を深めている。主権者たる国民は決して平和憲法の破壊を許さない。市民と野党の共闘という史上初のすばらしい運動形態が全国に広がっている。

そもそもアベノミクスは、安倍政権最大の野望＝天皇を元首に戴く軍事国家づくりという目的に対する手段であった。〝手段〟の破綻・崩壊が〝目的〟の実現を難しくしている、これが目前で展開する情勢の特徴といえる。

本書の目的は、以上のような情勢をふまえて、アベノミクスの展開をふりかえり、その破綻・崩壊を検証することにある。本書の執筆者8人は労働総研（労働運動総合研究所）の経済分析研究会のメンバーである。この研究会のスタートが第二次安倍政権の発足とほぼ重なり、一貫して安倍政権の経済政策＝アベノミクスを批判的に分析してきた。

本書は、上記目的のもと、研究会での議論をふまえつつも、執筆者各人各様、アベノミクスに対する〝恨《うら》み辛《つら》み〟を自由奔放に綴《つづ》ったものである。乱暴と思えるような問題提起も含む。自由奔放こそ本書の特徴である。そのような書としてご活用いただければ、うれしい。

末筆ながら、困難な出版事情のなか、上梓の機会を与えてくださったうえ、数々の有益なアドバイスまでいただいた新日本出版社の皆様に深甚なる謝意を表したい。

２０１６年メーデー前夜　編著者記す

目次

序章　安倍政権の野望とアベノミクス

――富国強兵のゆくえ

牧野富夫

はじめに

第一次安倍政権の1年もふくめ4年余り、暴走に暴走をかさねてきた安倍晋三内閣である。ついに憲法改悪に手を染めようとしている。平和憲法を破壊し「天皇を元首に戴く軍事大国」を再興すること——これが安倍晋三という人物の〝野望〟である。彼のいう「戦後レジームからの脱却」後の「美しい国」とは、「戦争する国」であり、アメリカや敗戦までの日本のように「戦争せずにはいられない国」である。「死の商人」にとって戦争が何よりの「ビジネスチャンス」なのだ。

「戦争する国」には、「強い経済」・「経済大国」という経済的な基盤が不可欠である。〝富国(「富民」に非ず)+強兵〟である。その経済的基盤づくりこそアベノミクスの主たる課題である。安倍自身も「私の外交安全政策は、アベノミクスと表裏一体です」と告白している。「世界一企業が活動しやすい国にする」という安倍発言も、ここに通じる。アベノミクスにはいま一つ、「鎧(野望)」を隠す「衣」の役割もある。だが、アベノミクスの正体が割れるにつれ、その役割も果たせなくなってきているが——。

このように安倍政権の〝野望〟をおさえると、その目論見《もくろみ》の大半はすでに「達成」されたかにみえる。大企業に史上最高の利益をもたらし、武器輸出三原則の撤廃などで軍需産業を勢いづけ、5兆円超という未曽有の軍事予算を計上し、この国を「軍事立国」・「戦争する国」へと変貌させたからである。今月末（16年3月）には廃止すべき戦争法（安保法制）も施行された。

その一方で、安倍政権の成長戦略（第3の矢）のもと、雇用の非正規化＝雇用破壊、実質賃金の低下、社会保障の切り捨て、消費税増税などで労働者・勤労国民の生活は一段と厳しくなっている。確実に貧困化がすすんでいる。政権は「トリクルダウン」論や「経済の好循環」論を喧伝し、国民を欺き将来に「期待」をもたせようと策を弄してきたが、いまや国民はそのような「ウソの山」を見抜き、怒りを態度であらわすようになっている。

国民の怒りをかわすため、安倍政権は「一億総活躍社会をめざす」として「アベノミクスの第2ステージ入り」を宣言し、「ウソの上塗り」に狂奔している。「総活躍」論は多分に夏の参議院選挙向けのパフォーマンスであるが、そこには「働き方改革」など看過できない問題を含んでいる。「一億総活躍社会」なる胡散臭《うさんくさ》い物言いも不評で国民は強く反発し、「第2ステージ」を安倍政権「退陣のステージ」にしようと運動・たたかいを強め広げている。国民の意識が「光を待つ」から「自ら光となって社会を変える」という積極的なものへと大きく変化している。その転機は「3・11原発事故」であったが、それが反戦争法のたたかいをつうじて決定づけられた。いまや老若男女が全国各地で「安倍政治ノー」の声をあげ、市民パワーが安倍打倒の「一点共闘」を野党共闘にまで昇華させた。その意義は絶大で、市民革命を思わせる。ここ序章では、第一次政権以来の安倍内閣の動向を通観し、明日を考える糧としたい。

1　安倍政権の野望

安倍晋三著『新しい国へ』は述べる。「『戦後レジームからの脱却』が日本にとって最大のテーマであることは、私が前回総理を務めていた五年前と何も変わっていないのです」（254ページ）と。ここにいう安倍の「戦後レジームからの脱却」の意味は二重である。

一つは、平和憲法を中軸とする戦後民主主義を破壊せよ、ということであり、憲法が攻撃の焦点に据えられる。平和憲法が存在するかぎり、「軍事立国・軍事大国の再興」という野望を十分に果たせない、ということだ。支配階級が挙げて〝壊憲〟に狂奔するのは、そのためである。

いま一つ、安倍は日米同盟を一貫して重視しその強化を主張するが、日米同盟があわせもつもう一つの側面＝〝対米従属〟は安倍の野望にてらしても容認できないところである。理由は「天皇を元首に戴く軍事大国＝神の国」が自国を打ち負かした戦勝国アメリカに従属しつづけるなど屈辱の極みで、断じて許せないわけだ。古色蒼然たる神がかりの理由ではあるが、そこは靖国派（かれは「日本会議」の最高顧問）という特異な極右集団に属する安倍には譲れない一線である。

安倍にあっては日米同盟において「天皇の国＝日本」はアメリカに対して「対等以上」でなくてはならない。安倍は前掲書で、「集団的自衛権の行使とは、米国に従属することではなく、対等になることです」（同ページ）と強調している。集団的自衛権の行使を憲法に逆らって法認し、「核武装された軍事立国」化を急ぐのも、そのためである。安倍が原発死守の態度をとり続けている真意も、そこにある。安倍は、ニューヨーク証券取引所でのスピーチで、「日本は、原発の安全技術で、これからも世界に貢献していきます。（原発を）放棄することはありません。福島の事故を乗り越えて、世界最高水準の安全性で、世界に貢献していく責務があると考えます」とうそぶいている。安倍にあっては原発と核武装はワンセットである。原発は原爆・核兵器の母なのだ。すでにこの国は、万に近い原爆を製造可能なプルトニウムを蓄積しているといわれる（今回アメリカに返還される研究用プルトニウムだけでも331キロで、核兵器45〜50発分に相当する。「東京新聞」16年3月22日付）。

結局、安倍のいう「戦後レジームからの脱却」の含意・ねらいは、平和憲法に基礎づけられた戦後民主主義を破壊し、日米同盟を強めながら「天皇の国＝日本」の力関係を現在の「対米従属」から「対等以上」に高めることである。祖父・岸信介《きしのぶすけ》について安倍が「日米関係を強化しながら、日本の自立を実現するという、政治家として当時考えうる、きわめて現実的な対応」をしていたと回顧し讃美している（前掲書28ページ）。日本は「経済において強く、そして、国の守りにおいて強くなければならないのです」（安倍晋三著『日本の決意』16ページ）というわけだ。安倍は核武装を果たした軍事大国日本が世界のど真ん中で輝く「雄姿」を夢見ている。

（1）「安倍個人の野望」と「安倍政権の野望」

ここで整理しておきたいことがある。「安倍晋三個人の野望」と「安倍〝政権〟の野望」とのあいだには、当然ながら一定の温度差がある。安倍晋三著の『美しい国へ』、『新しい国へ』、『日本の決意』や、所信表明演説などで語られている「軍事立国」論は、多分に粉飾されてはいるものの「安倍個人の野望」とみてよい（これは安倍が属する靖国派＝極右勢力の野望とも通じる）。

これに対して、施政方針演説や安倍内閣の「日本再興戦略」などで語られている「軍事立国」論は、「安倍〝政権〟の野望」である。そこには帝国主義アメリカの世界戦略や、財界の総本山としての日本経団連の戦略（『「豊かで活力ある日本」の再生』など参照）が織り込まれていて、「安倍個人の野望」とのあいだにはある種の差異・矛盾が存する。アメリカが安倍の靖国参拝の強行に「失望」を表明したり、財界が安倍の過度の「中国刺激」に反発するなどの齟齬《そご》は、そのあらわれである。しばしば安倍は、自分の〝思い〟（個人の野望）を押しつけ、与党内でも物議をかもしている。党内でも〝一強〟と揶揄される人間の驕《おご》りだろう。

結局、「安倍政権の野望」には、安倍晋三個人の野望をベースに、アメリカと財界の意向・利益が色濃く宿っている。そのため三者間の齟齬・矛盾もあるが、日本の「軍事立国」化という一点では利害が一致する。アメリカは日本を戦争のアシスタントとして利用できるし、財界は軍需生産の拡大など数多《あまた》の受益がある。アメリカはより多額の戦費を日本に負担させたいだけでなく、テロとのたたかい等での地上戦要員を日本に出させたいのである。経団連の軍需生産の拡大は、安倍政権による武器輸出三原則撤廃後に一段と加速している（佐々木憲昭著『財界支配――日本経団連の実相』第5章参照）。

安倍政権・財界・アメリカという三者の関係は、決して一心同体ではなく〝利害の暫定一致〟にすぎない。おそらく安倍政権は憲法の明文改悪ができても、できなくても、それが確実になった時点で財界とアメリカに見捨てられるだろう。アメリカや財界は、それ以降も安倍のような「アナクロ人間」を総理の座に据えておく「危険」を察知している。財界やアメリカにとっての安倍の利用価値＝賞味期限はそう長くはない。アメリカや財界の安倍利用は憲法「改正」までである、ということだ。また、逆に安倍が憲法「改正」にもたつけば、「選手交代」という場面も生じよう。それ以前に、市民と野党の共闘が安倍政権を打倒する情勢になっている。

（2）「戦争できる国づくり」の加速

安倍政権によって「戦争する国づくり」が急速にすすんでいる。安倍政権の〝野望〟が「天皇を元首に戴く軍事大国」の構築であることは、自民党の「日本国憲法改正草案」によっても明白である。同草案で「日本国は、長い歴史と固有の文化を持ち、国民統合の象徴である天皇を戴《いただ》く国家であって」（前文）、「天皇は、日本国の元首であり」（第1条）、「内閣総理大臣を最高指揮官とする国防軍を保持する」（第9条の2の1項）と定められている。そこでは、現行憲法前文の「不戦と平和的生存権」は破棄され、第9条2項も削除され、武力行使の「歯止め」がなくなっている。山田朗《あきら》は、「安倍政権は、『集団的自衛権』の憲法解釈を変更するとともに自衛隊派遣のための恒久法の成立を図り、そうした既成事実を重ねることで憲法九条の改変へと地ならしを進めている」と指摘している（山田朗ほか著『軍事立国への野望』52ページ）。

メディアを利用した国民意識のコントロールも強められている。ニューヨーク・タイムズの前東京支局長マーティン・ファクラーの著書『安倍政権にひれ伏す日本のメディア』が、外国人記者の目でその実相をつぎのように描写している。「安倍政権は日本のメディアの弱みをよくわかっており、勘所を心得ている。弱点とツボを押さえた瞬間、一気にメディア・コントロールへ攻勢を仕掛けたように見える」（254ページ）。「転換期を迎えた現在の日本が、民主主義の危機を迎えているように思えてならない。特に、健全な民主主義が機能するうえで重要な権力のチェック機能を果たすはずのメディアが、第二次安倍政権誕生以降、腰砕け状態に陥ってしまっている」（15ページ）と。

武器の生産・輸出も経団連加盟の三菱重工業を先頭に、安倍政権下で急速に増大している。三菱長崎造船所原水協作成の冊子『被爆70年・戦争する国づくりと三菱の兵器生産』がつぎのように告発している。「日本の総合重機メーカーは、軍事化へ急速に傾斜しています。安倍政権は、武器輸出を『経済成長戦略』＝アベノミクスの重要な柱と位置づけています。戦争する国をめざし経済の軍事化、軍事産業の〝人殺し兵器〟輸出とが表裏一体で進行しています」と。

『軍事研究』（2016年2月号）が「空想が現実に！　2020年の近未来兵器」と題する特集を組み、「日本が世界の先陣を切る第6世代戦闘機」などを写真や図入りで報道している。

そこで「日本経団連は、〝F－3〟（仮称）という仮称を用いて〝F－2〟後継機を国内開発すべきとの意向を示している」と紹介し、国家安全保障会議は「昨年11月26日、豪州の将来潜水艦の共同開発・生産をわが国が実施することになった場合の構成品と技術情報の日本から豪州への移転について、『防衛装備移転三原則』などに従って審議した結果、移転を認める案件に該当することを確認した」などと報じている。また、同誌は「防衛産業ニュース」として、三菱重工や川崎重工など「死の商人」の兵器受注情報も詳しく伝えている。安倍政権下で日本が急ピッチで軍国化していることをそこからも窺《うかが》い知ることができる。

2　アベノミクスの展開

（1）安倍政権の「鎧」と「衣」

安倍政権の野望は、くり返し確認したように「天皇を元首に戴く軍事大国の再興」である。第一次安倍政権は、その野望を隠さずストレートに追求した。在任中に憲法「改正」を果たすと言明した（いまもそうだが）。「在任中の〝改憲〟」を公言するような総理大臣は安倍以外にはいない。安倍は憲法と一体の教育基本法を改悪した。ついで、防衛庁を防衛省に昇格させた。さらに、憲法「改正」に向けて国民投票法を制定した。「美しい国づくり」を標榜し、「戦後レジームからの脱却」という「危険な国づくり」を矢継ぎ早に強行したのが第一次安倍政権であった。第二次政権以降のようにアベノミクスという「衣」で「鎧」（野望）を隠す小細工はしなかった（いや、まだ「経験不足」でできなかったのだろう）。当然ながら、これに国民が強く反発した。結果、２００７年７月の参議院選挙で安倍自公連立政権は大敗し、これが同年９月の安倍降板の引き金になった。

当時をふり返って安倍はいう。「初めて総理大臣を務めた頃の自分を振り返ると、今にして思えば、やや気負いすぎていたと思う部分もあります。今でも『あのときはこうするべきではなかったか』と思い返す事も少なくありません」（『新しい国へ』まえがき）と。反省の弁の披歴である。後述の「鎧」（野望）を「衣」（アベノミクス）で隠す第二次安倍政権以降の手法は、このような第一次政権の「反省」をふまえたものだ。

安倍にはトラウマがあった。それは07年7月の参議院選挙で大敗し、衆参の「ねじれ」を招いたことだ。これで「決める政治」から「決められない政治」への「後退」をよぎなくされた。これが突如9月に政権を投げ出す引き金ともなった。在任中の憲法「改正」どころか、第一次安倍政権は一年足らずの短命に終わった。

以後も「決められない政治」が、福田、麻生とつづいた。短命は「決められない政治」のためと巷間《こうかん》いわれた。だが、根本の理由は別にあった。小泉「構造改革」の再生産を国民が拒否した面が大きい。その結果が09年の政権交代であった。国民の一定の期待を担って民主党（中心）政権が誕生した。だが、民主党政権は「生活が第一」という選挙公約を投げ捨てるなど、自民党顔負けの「右旋回」に走った。失政も目に余った。これが自民党を一段と右へ追い込んだ。結果、自民党の最右翼＝靖国派を勢いづかせた。こうした背景のもと、12年9月に安倍晋三が自民党総裁に返り咲いた。安倍を総裁に復帰させるうえでも、民主党の「貢献」が大きかった。

安倍が自民党総裁に就いてまもなく（12年12月）、衆議院解散そして総選挙と相成った。安倍には僥倖《ぎょうこう》であった。「鎧」（野望）を「衣」（＝「デフレ脱却」論）で隠し、多分に民主党の失政＝「敵失」に助けられ、安倍自公勢力が「大勝」した。安倍は念願の政権復帰を果たした。以後、13年夏の参議院選挙での「ねじれ」解消が、安倍政権の当面最大の目標となった。「喫緊の課題は経済政策」だとして、安倍政権は「三本の矢」（大胆な金融緩和・機動的な財政出動・民間投資を喚起する成長戦略）をぶち上げた。13年1月、政府・日銀が2％の物価上昇の目標をかかげ、また同月、公共事業など10・3兆円の緊急経済対策が打たれ、これをメディアが

「アベノミクス」と呼び、政策的にアベノミクス旋風が巻き起こされた。

すでにそれ以前から別の理由で「円高の円安化」・「株安の株高化」が始まっていたが、それがすべてアベノミクス効果と宣伝され、内閣支持率が70％前後で推移するにいたった。円安で輸出関連大企業の利益が急増し、その連鎖などで株価も上昇し、一部富裕層が潤った。一般国民は所得の目減りなどで相変わらず厳しい生活を強いられていた。頻繁に「やがて恩恵が労働者・国民にも及ぶ」と「トリクルダウン」論が喧伝《けんでん》された。それが「経済の好循環」を引き起こし、日本経済がデフレから脱却するという期待感も演出された。体制化したメディアの役割が大きかった。このような「トリクルダウン」論や「経済の好循環」論攻勢が、衆参ねじれの存否を決める7月の参議院選挙を意識していたことは言を俟《ま》たない。

果たして13年7月の参議院選挙で、安倍自公与党が過半数の議席を制した。安倍は念願の「ねじれ解消」を果たした。以後、〝野望追求の暴走政治〟が顕著となった。「積極的平和主義」なるいかがわしいスローガンを安倍が繰り返し唱えるようになったのも「決められる政治」を背景とした9月からであった。

以後、安倍政権は「戦争する国づくり」に向け暴走に暴走を重ねる。13年11月に国家安全保障会議設置法を制定した。12月には特定秘密保護法を成立させた。14年4月には武器輸出三原則を撤廃した。7月には集団的自衛権の行使容認を閣議決定した。15年9月には戦争法（安保法制）を民意に逆らい強行成立させた。そしていま憲法の明文「改正」（憲法破壊）にうつつを抜かしている。

だが一方、16年夏の参議院選挙を強く意識し、「鎧（野望）」を隠す「新しい衣」を新調し、そのお披露目を戦争法強行直後におこなった。それが「アベノミクスの第2ステージ」であり、「一億総活躍社会に挑戦する」とした「新・三本の矢」なのである。「戦争法強行というムチ」で低下した支持率を「一億総活躍社会というアメ」で挽回しようという意図がありありだが、実はこれも「アメ」ではなく「ムチ」なのである。

（2）「アベノミクスの第2ステージ」

まず、その内容を首相官邸のホームページで確認しよう。つぎのとおりである。

我が国の構造的な問題である少子高齢化に真正面から挑み、「希望を生み出す強い経済」、「夢をつむぐ子育て支援」、「安心につながる社会保障」の「新・三本の矢」の実現を目的とする「一億総活躍社会」の実現に向けて、政府を挙げて取り組んでいきます。

1)若者も高齢者も、女性も男性も、障害や難病のある方々も、一度失敗を経験した人も、み

んなが包摂され活躍できる社会

2）一人ひとりが、個性と多様性を尊重され、家庭で、地域で、職場で、それぞれの希望がかない、それぞれの能力を発揮でき、それぞれが生きがいを感じることができる社会

3）強い経済の実現に向けた取組を通じて得られる成長の果実によって、子育て支援や社会保障の基盤を強化し、それが更に経済を強くするという「成長と分配の好循環」を生み出していく新たな経済社会システム

一読した印象では、結構ずくめの「理想社会」のように思える。だが、そこがミソで本音（狙い）は、少子高齢化による「労働力不足」をテコに、高齢者・障害者を問わずあらゆる人々を「労働力」として利用し、「強い経済」・「強い国」をつくろう、ということなのだ。そうすれば、「子育て支援や社会保障の基盤の強化」も可能で、みんながハッピーになるという甘言を弄し、ここでも「トリクルダウン」論が使い回されている。

結局、「アベノミクスの第2ステージ」のポイントは「働き方改革」である。項を改めてみておこう。

3　なぜいま「働き方改革」なのか

「働き方改革」は「アベノミクスの第2ステージ」で初めて登場したわけではない。すでに13年6月の「日本再興戦略」（JAPAN is BACK）で、「雇用制度改革・人材力の強化」として提起されていた。それは、①行き過ぎた雇用維持型から労働移動支援型への政策転換、②民間人材ビジネスの活用によるマッチングの強化、③多様な働き方の実現、④女性の活躍推進、⑤若者・高齢者等の活躍推進、⑥大学改革、⑦グローバル化等に対応する人材力の強化、⑧高度外国人人材の活用の8点であった。

これを7月（16年）の参議院選挙向けにワンフレーズで「魅力的」にまとめたはずのものが「一億総活躍社会への挑戦」である。なぜそれが「総活躍」なのか。安倍首相自身が、1月22日の施政方針演説で答えている。「一億総活躍の最も根源的な課題は、人口減少問題に立ち向かうこと」にある、と。つまり、少子高齢化による「労働力不足」問題を乗り越え、「GDP600兆円」を達成するには「働き方改革」が不可欠である、ということなのだ。さきの施政方針演説でつぎのように説明されている。関連個所を引く。

「最も重要な課題は、一人ひとりの事情に応じた、多様な働き方が可能な社会への変革。そしてワーク・ライフ・バランスの確保であります。労働時間に画一的な枠をはめる、従来の労働制度、社会の発想を大きく改めていかなければなりません。フレックスタイム制度を拡充します。専門性の高い仕事では、時間ではなく成果で評価する新しい労働制度を選択できるようにします。」「非正規雇用の皆さんの均衡待遇の確保に取り組みます。」「契約社員でも、原則一年以上働いていれば、育児休業や介護休業を取得できるようにします。更に、本年取りまとめる『ニッポン一億総活躍プラン』では、同一労働同一賃金の実現に踏み込む考えであります。」

みてのとおり、雇用・労働時間・賃金という労働にかかわる主要分野について「改革」をおこなうということだが、そのほとんどがすでに着手されている。唯一、同一労働同一賃金だけが、このたび初めて提起されたテーマである。そこで以下、これを俎上《そじょう》にのせる。

同一労働同一賃金が新たに取り上げられた背景には、正規雇用と非正規雇用の労働者間に大きな賃金の差があり、しかも賃金の極度に低い非正規雇用が4割にも上り、これが社会問題化していることがある。そこで政権としても、これを放置できなくなり、「同一労働同一賃金の法制化」という形で対応することにした、ということだろう。だが、その提起にあたって政権内で検討した形跡はなく、〝一強〟安倍の「思いつき発言」が発端で「ニッポン一億総活躍プラン」で「その実現に踏み込む」ことになった、というのが実情であろう。

それだけに懸念されるのは、すでに経団連が同一労働同一賃金について「考え方」を提示しており、それに引き寄せられた制度化・法制化がおこなわれないか、ということである。ちなみに経団連の「考え方」(定義もどき)は、つぎのようなものである。

「わが国の『同一労働同一賃金』の考え方は、『将来的な人材活用の要素も考慮して、企業に同一の付加価値をもたらすことが期待できる労働(中長期的に判断されるもの)であれば、同じ処遇とする』と捉えるべきである」(「経営労働政策委員会報告」2011年版)としている。

おおよそこれは本来の「同一労働同一賃金」の〝考え方〟とは無縁で、年功賃金に代えて「修正・成果主義賃金」を徹底普及させ、現存の賃金の上方を下方へ低位平準化させるための低賃金政策といわねばならない。そもそも「同一労働同一賃金」とは、資本・企業による賃金差別をやめさせ、同一・同等の労働には同一の賃金を支払わせるための「要求の原則」である。その原則には3つのポイントがある。

第1に、各種の賃金差別を排した「同一労働同一賃金」という労働者の要求原則を制度化・法制化すること。差別とは、「正当な理由なく劣ったものとして扱うこと」(広辞苑)であり、重大な人権侵害であることを強調する。

第2に、「同一労働同一賃金」実現のたたかいを賃上げ闘争の一環と位置づけ、市場賃金の下を上にあわせ、賃金水準の引き上げに連動させること。賃金の低位平準化を許さない賃金差別撤廃の運動・たたかいを追求する。

第3に、差別撤廃・賃金水準アップの実現をつうじて、労働者の団結と統一が強化されるような運動・たたかいにすること。要求は実現できても、その結果、労働者の団結と統一が損なわれるような運動・たたかいにならないよう注意すべきである。

さきにみた経団連の「考え方」は、この3点の正反対である。そもそも賃金を差別する主体である大資本の連合体が差別反対の「同一労働同一賃金」を唱えれば、こういう珍妙なものとならざるをえない。指摘するのもためらうほど当たり前のことであるが、その制度化・法制化は、労働組合や革新政党などが政府に要求して、たたかいとるべきものである。ところがいま、技術論が先行し、その理念・原則が棚上げされている。いま求められるのは「同一労働同一賃金」の原則とは何か、原点に立ち返って考えることである。また、「同一賃金」のたたかいは、生計費原則にもとづく最低賃金制闘争と不可分一体でなければならない（「同一労働同一賃金」についての詳細な検討は、『経済』と『前衛』のそれぞれ2016年6月号の拙稿を参照されたい）。

おわりに

以上、安倍政権の〝野望〟と、それにもとづく安倍暴走政治をみてきた。そもそも野望とは、抱くことはできても、成就はできないものである。一時的に「成就」した事実が歴史上存在するが、それは独裁によってであった。いま安倍晋三が独裁者たろうと狂奔している。独裁への常套《じょうとう》手段である反共攻撃を強めている。安倍内閣が共産党を「現在においても破壊活動防止法に基づく調査対象団体である」という答弁書を閣議決定した（鈴木貴子衆院議員の質問主意書に答えたもの）。

これに時代錯誤もはなはだしいとの怒りの声が沸き起こっている。上智大学教授の中野晃一《こういち》は「共産党を最初に狙い撃ちしたナチス政権とますます似てきた」（「東京新聞」3月24日付）と批判する。安倍首相が憲法の明文「改憲」に熱中している。憲法に「緊急事態条項」を盛り込み、それを足場にナチスに倣《なら》い野望を叶《かな》えようとしているとの見方が広がっている。断じてそうはさせず、国民の良識と運動で安倍暴走政治を終わらせなくてはならない。急速にその条件が成熟してきているのである。

第1章　アベノミクスの国民的総括

友寄英隆

はじめに

第1章の課題は、アベノミクス3年3カ月（2016年3月まで）の経過を振り返りつつ、あらためてその全体像を明らかにし、アベノミクスは国民と日本経済にとって何をもたらしたのか、国民の立場からの総括をおこなうことである。ここで国民的総括ということには、2つの意味を込めている（注1）。

1つは、安倍首相は、アベノミクスの「成果」を語るときは、主に大企業の利益や株価の上昇などの一部の都合の良い統計的指標を恣意《しい》的に拾い出してきて、国民の暮らしの視点、労働者の働く条件、中小企業・自営業者・農民の立場からのアベノミクスの総括を、決しておこなおうとしないからである。われわれが国民的立場からの総括をおこなう必要がある。

いま1つは、2015年後半以降、アベノミクスの破綻がさまざまな形で現れはじめてからは、安倍首相はアベノミクスがもたらした結果についての政策当局としての総括をおこなわないまま、「アベノミクスは第2ステージに入った」などとまったく無責任な態度をとっているからである。「第2ステージ」などというまえに、「第1ステージ」3年余の間の総括をきちんとやる必要がある。

1　アベノミクス3年3カ月の経過、安倍内閣の経済政策の全体構成

安倍内閣発足後の主な動きを示したものが表1「安倍内閣の3年3カ月」である。最初に、この年表をもとにしながら、安倍内閣（第2次、第3次）のもとでの3年3カ月間の政治的経済的な経過を時系列にそって振り返り、安倍内閣の経済政策の全体構成をとらえておこう。（なお、この年表には、本章の第3節の表2でとりあげる「経済の軍事化」にかかわる事項は書き入れていない。表1と表2を合わせてみていただきたい）。

（1）2013年7月の参院選の前、「3本の矢」の後ろには、隠されていた「2本の矢」があった

第二次安倍内閣が発足したのは、2012年12月26日だった。安倍内閣は、日本政治の反動的な急旋回にたいする国民の抵抗をかわすために、総選挙の論戦のなかで、もっぱら経済政策

表1　安倍内閣の3年3カ月（円相場、株価、長期金利、実質賃金の推移）

年	月	日	安倍政権・アベノミクスの展開	円／ドル（※1）	株価(円／銭)（※2）	長期金利（※3）	実質賃金指数（%）（※4）
2012	12	16	総選挙で自公勝利、民主惨敗	83.66	9,737.56	0.725	2012年
	12	26	第2次安倍内閣発足	85.35	10,230.36	0.785	11月 ▲1.0
2013	1	11	緊急経済対策	89.03	10,801.57	0.810	12 ▲1.9
	1	22	日銀と政府の共同声明／政策決定会合	89.09	10,709.93	0.730	2013年
	3	15	安倍首相、TPP参加表明	96.04	12,560.95	0.620	1月 0.0
	3	21	日銀黒田新総裁就任（株価、年初最高値）	95.89	12,635.69	0.580	2 ▲0.5
	4	4	日銀の政策決定会合（異次元の緩和）	95.60	12,634.54	0.455	3 ▲0.3
	5	22	株価、急落前のピーク	102.78	15,627.26	0.885	4 0.4
	5	23	株価、1143円の急落	101.93	14,483.98	0.835	5 ▲0.1
	6	14	「成長戦略」を閣議決定	95.10	12,686.52	0.815	6 ▲0.1
	6	23	東京都議選、自公勝利、民主惨敗、共産躍進	97.97	13,230.13	0.865	7 ▲1.3
	7	21	参院選で自公勝利、民主惨敗、共産前進	100.34	14,589.91	0.805	8 ▲2.3
	7	22	原発汚染水流出、東電が初めて認める	100.00	14,658.04	0.785	9 ▲1.9
	9	7	2020年東京五輪開催決定	99.56	13,860.81	0.790	10 ▲2.0
	12	6	特定秘密保護法成立	102.13	15,299.86	0.670	11 ▲1.6
	12	17	国家安全保障戦略を決定	102.95	15,278.63	0.665	12 ▲1.7
	12	26	安倍首相が靖国神社参拝	104.76	16,174.44	0.710	2014年
	12	30	2013年の大納会	105.36	16,291.31	0.735	1月 ▲2.1
2014	2	9	東京都知事選挙（舛添要一氏当選）	102.11	14,462.41	0.615	2 ▲2.4
	4	1	消費税8%へ増税	103.31	14,791.99	0.615	3 ▲1.6
	4	11	原発推進のエネルギー基本計画決定	101.73	13,960.05	0.605	4 ▲3.6
	7	1	安倍内閣が「集団的自衛権」容認の閣議決定	101.51	15,326.20	0.550	5 ▲4.0
	9	3	第2次安倍改造内閣発足	104.95	15,728.35	0.535	6 ▲3.6
	9	8	2014年4−6月期の実質成長率−7.1%（年率）	105.12	15,705.11	0.530	7 ▲2.1
	10	20	小渕、松島の両大臣が辞任	107.07	15,111.23	0.485	8 ▲3.4
	10	31	日銀が追加金融緩和	111.22	16,413.76	0.450	9 ▲3.4
	11	14	円の急落、株価の高騰	116.29	17,490.83	0.480	10 ▲3.4
	11	16	沖縄県知事選挙で翁長雄志氏が圧勝	116.29	17,490.83	0.480	11 ▲3.1
	12	8	2014年7−9月期の実質成長率−1.9%（年率）	121.34	17,935.64	0.435	12 ▲2.0
	12	14	総選挙で自公勝利、民主惨敗、共産躍進	118.76	17,371.58	0.395	2015年
	12	30	2014年の大納会	119.79	17,450.77	0.330	1月 ▲2.3
2015	4	28	日米首脳会談（安倍首相、米議会演説）	119.02	20,058.95	0.295	2 ▲2.3
	6	24	18年ぶりの株高（ITバブル越え）安倍内閣下の最高値	123.92	20,868.13	0.460	3 ▲2.7
	8	11	川内原発1号機再稼働	124.83	20,720.75	0.390	4 ▲0.1
	8	14	安倍首相「戦後70年談話」	124.33	20,519.45	0.380	5 0.0
	9	19	安倍法制（戦争法）強行・成立	119.42	18,070.21	0.335	6 ▲3.0
	9	24	自民党総裁選、「アベノミクス第2ステージ」	119.93	17,571.83	−（※5）	7 0.5
	10	5	TPPで12国大筋合意	120.16	18,005.49	0.315	8 0.1
	10	7	第3次安倍内閣発足	120.01	18,322.98	0.335	9 0.3
	11	2	日韓首脳会談（3年半ぶり）	120.45	18,683.24	0.315	10 0.4
	12	28	「慰安婦問題」日韓合意	120.57	18,873.35	0.270	11 ▲0.4
	12	30	2015年の大納会	120.41	19,033.71	0.270	12 ▲0.2
2016	1	28	甘利経済財政・再生相辞任	118.78	17,041.45	0.220	2016年
	1	29	日銀がマイナス金利決定（実施は2月16日）	120.62	17,518.30	0.096	1月 0.0
	2	12	株価急落、1万5000円割り込む（前日比760円安）	112.16	14,952.61	0.080	
	3	8	2015年10−12月期の実質成長率−1.1%（年率）	112.94	16,783.15	▲0.095	
	5	26	（予定）伊勢志摩サミット				
	7		（予定）参議院選挙				

休場の日は、直前の日の終値。（※1）日経データの終値（※2）日経平均（終値）（※3）10年国債利回り（※4）前年比増加率。現金給与総額、全産業、5人以上規模事業所（厚労省「毎勤統計」）（※5）2015年9月24日、国債不足で取引成立せず

を前面にかかげて、〝アベノミクスによって、2年間程度でデフレを脱却し、日本経済再生の道を切り開く〟などと公約し、その経済政策の内容を「三本の矢」にたとえて、次のように国民に説明した。

「内閣の総力を挙げて、大胆な金融政策、機動的な財政政策、民間投資を喚起する成長戦略、この三本の矢で経済政策を力強く進めて結果を出してまいります」。

その後2013年7月の参院選までの半年余の間は、安倍内閣は、国民にひたすら「デフレ脱却」「景気回復」「経済再生」を訴えて、3本の矢からなると称するアベノミクスを宣伝した。政権発足直後の2013年1月には公共事業を中心に13兆円余の「緊急経済対策」、また同月には日本銀行との「共同声明」で「2％の物価上昇目標」を日銀に決めさせ、4月には黒田東彦《はるひこ》日銀新総裁のもとで「異次元の金融緩和」に乗り出した。さらに1月に産業競争力会議を発足させ、同会議の議論にもとづいて参院選直前の6月に「成長戦略」（「日本再興戦略」）を発表した。

参院選挙のまえのアベノミクスの特徴は、国の財政・経済政策の重要な柱をなす税制や社会保障制度については、ほとんどふれようとしていないことだった。そこで、当初からわれわれは、アベノミクスは金融緩和、財政出動、成長戦略という単純な3本の矢にとどまるものではない、参院選終了後には、国民に隠していた消費税増税や社会保障削減などの、文字通り国民に「緊縮政策」を押し付ける第4の矢、第5の矢が必ず表に出てくる、アベノミクスの全体像は、それらの隠された矢を含めた「5本の矢」としてとらえなければならない、と主張してきた（注2）。

（2）参院選後、安倍内閣の政治・経済路線の全体構造が明確となってきた

2013年7月の参院選の終了とともに、はたせるかな、アベノミクスの「5本の矢」からなる全体像はいっきょに浮上した。経済政策では、消費税の増税や社会保障の削減などの第4の矢と第5の矢が全面的に現れ出てきた。また、「成長戦略」と称する第3の矢では、原発の再稼働・新増設をすすめるエネルギー政策、農業や中小企業を切り捨てるTPP（環太平洋連携協定）への参加、労働法制の規制緩和、大企業への減税、などなどが強行されはじめた。参院選後の13年秋の臨時国会では、自民党・公明党ブロックの勢力で衆参両院の多数派をおさえたことによって、産業競争力法、国家戦略特区法、社会保障制度改革プログラム法などとともに、政治的な反動政策の立法化が次々と実行に移されはじめた。

2014年4月からの消費税増税（5％→8％）は、「消費税増税の内需低迷は一時的なもの」という安倍内閣の楽観的な経済見通しに冷や水をかけるような深刻な〝経済効果〟をもた

らすことになった。安倍内閣・自公政権は、アベノミクスの破綻が次の総選挙の争点にならないように、というきわめて政略的なねらいから、２回目の消費税増税（8％→10％）の１年半繰り延べを「争点」にかかげて衆議院を解散し、２０１４年12月の総選挙を強行した。

（３）２０１４年12月の衆院選後、安保法制（戦争法）の強行と連動して「軍事力の強化」路線に拍車をかけてきた

安倍内閣・自公勢力は、２０１３年７月の参院選、14年12月の衆院選を、もっぱら「デフレ脱却」という経済政策、アベノミクスを前面にかかげて勝利して、小選挙区制度による民意とかけはなれた国会議席の多数を占拠した。総選挙後の２０１５年は、年初から、安倍首相の長年の執念、海外での武力行使を可能にする「集団的自衛権」の憲法解釈変更の策動がすすめられた。安倍内閣は、同年９月19日未明に、国民多数の反対を無視して、安保法制（戦争法）を強行・成立させた。

もともと安倍政権は、２０１２年末の発足当初から軍事力強化の路線を法制的にも、実体的にも、着々とすすめてきていた。のちに第３節で具体的にみるように、安倍内閣の経済政策の中心は、安保法制の法制的整備と連動した軍事力の物質的基盤の構築にあった（注３）。この

3年余の間の安倍政権による軍事力強化路線の推進を決して軽視してはならない。

（4）憲法改悪による反動国家体制の経済的土台づくりをめざしている

2016年に入ると、7月の参院選へ向けて、安倍首相は憲法改悪の意向をいっそう強調するようになった。2016年の通常国会の施政方針演説では、「国のかたちを決める憲法改正。国民から負託を受けた、私たち国会議員は、正々堂々と議論し、逃げることなく答えを出していく」と述べた。もっとも、「憲法改正」の文言は、2013年以来の過去4回の施政方針の最後には必ず入れてきたので、今回がとくにはじめてというわけではない。しかし16年の予算委員会の国会論戦のなかでは、首相任期中に改憲に挑戦すると明言し、参院選では自民・公明に「おおさか維新の会」などを加えて改憲発議に必要な3分の2以上の議席を目指すなどとまで述べるようになっている。

（5）アベノミクスの破綻を取り繕う「第2ステージ」（「新・三本の矢」）の提起

2016年3月8日に、2015年10月—12月期のGDP（国内総生産）統計（確報）が発表され、アベノミクスのもとで実質成長率が年率でマイナス１・１％になったことが明らかになった。これは、アベノミクスの破綻を政府統計でも明確にすることになった。ほとんどの世論調査で国民の約８割が「景気回復の実感がない」と答え、多くの国民が「今後もよくなる見通しはない」とみている。

安倍首相は、２０１５年９月24日に自民党総裁に再選され、続いて10月７日に第３次安倍内閣を発足させると、急に「アベノミクスは第２ステージに入った」、「一億総活躍社会」、「新・三本の矢」などと言い出した。安倍首相の思惑は、①アベノミクスの破綻への国民的な批判をかわすこと、②安保法制への国民的な批判をかわすこと、③安保法制の具体化＝軍事強化路線の実態を国民の目から隠すこと、こうしたねらいがあると思われる。

（６）安倍内閣の経済政策の全体構成――アベノミクスの再定義

アベノミクス３年３カ月の経過を振り返り、あらためてアベノミクスの全体構成を描いてみると、図１（次ページ）のようになる。すでに述べてきたように、安倍内閣の経済政策は、安倍首相が言うように「アベノミクス＝三本の矢」で示されるような限られたものではない。「三本の矢」には、消費税増税や社会保障削減のような国民受けしない政策は含まれていない。

図1　アベノミクスの全体構成

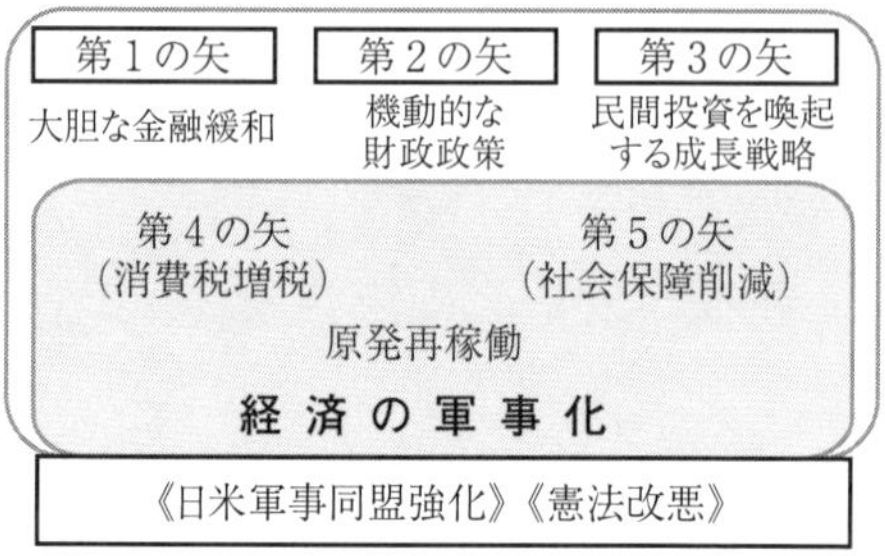

また、原発再稼働、武器輸出三原則撤廃、軍事予算の増大などの政策も「三本の矢」という視角からは隠されて見えにくくなっている（ＴＰＰは、第３の矢の成長戦略の最重要課題に位置付けられている）。

アベノミクスの意味を、「安倍内閣の経済政策」全体を表すとするなら、図１の全体を含むものと考えて再定義する必要がある。

２　アベノミクスは、国民の暮らしと日本経済に何をもたらしたか

（１）アベノミクスは「日本経済の二極化」を拡大した

安倍首相は、アベノミクスによって、２年程度でデフレを脱却して日本経済を再生させると国民に約束してきた。しかし、最新のＧＤＰ（国内総生産）統計では、実質成長率の落ち込み

図２　第２次安倍内閣発足後の実質ＧＤＰの推移

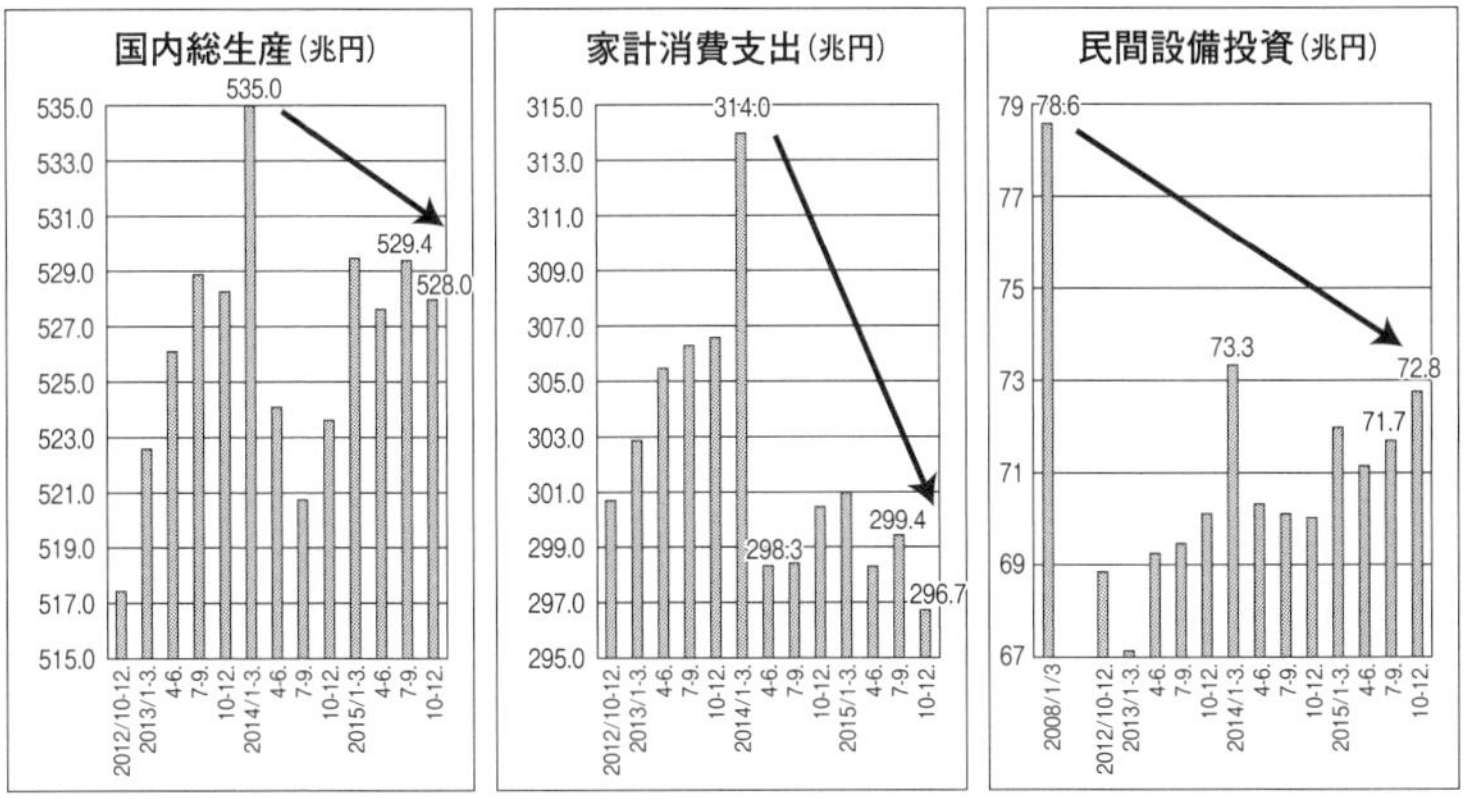

（資料）内閣府「国民経済計算」四半期別第２次速報（2016年３月８日発表）

が続き、安倍内閣の経済政策の完全な破綻を示している。圧倒的多数の国民の暮らしは苦しくなっているのに、一部の大企業や富裕者の所得や資産がますます増えて、「日本経済の二極化」が拡大している。

図2は、安倍内閣発足後のＧＤＰの動向を、四半期ごとに見たものである。ＧＤＰの約６割を占める家計消費支出は、消費税増税直後の２０１４年４月—６月期には、その前の時期の３１４・０兆円（年率換算）から２９８・３兆円へ急落したが、２０１５年10月—12月期には、その水準よりもさらに落ち込んで２９６・７兆円になった。明らかに、現在の消費低迷は、消費税増税を含むアベノミクス全体の政策的失敗の結果である。

（2）消費税増税のあと、なぜ家計消費の低迷が長引いているのか

アベノミクスのもとで消費者物価は、①円安、②日銀の異常な金融緩和政策、③消費税増税、この3つの要因が重なって、食品などを中心にジリジリ上がり、実質賃金の水準は、大幅マイナスが続いている（2010年を100とすると、2015年は94・6）。

さらに「国民経済計算確報」によると、2013年度には家計貯蓄率が初のマイナス1・3%となった。2014年度には、わずかにプラスになったが、ほとんどゼロ水準である。可処分所得が増えずに、高齢者世帯が急速に増大しているために、すでに日本経済はマクロ統計の上では「家計貯蓄率の減少時代」に入っている。その結果、家計は、消費税増税を貯蓄の増減によって吸収して「調整」できるだけの弾力性を失いはじめている。

現在の消費低迷は景気循環的な一時的要因によるものではなく、構造的な要因、政策的な要因によるものである。そのことは、最近の家計調査報告で、家計消費が連続的に減少していることにも示されている。

（３）トリクルダウンどころか、「トリクルダウン・ペイン」の強化で「格差と貧困」が拡大した

安倍首相は、アベノミクスによって大企業の利益が増えれば、それを起点に「経済の好循環」がおこるという、いわゆる「トリクルダウン」を一貫して宣伝してきた。トリクルダウンとは、「富める者が富めば、貧しい者にも自然に富が浸透（トリクルダウン）してくる」という考え方である。

しかし、アベノミクス３年余のもとで結果的におこったのは、利益のトリクルダウンによる「経済の好循環」ではなく「格差と貧困」の拡大だった。英国の経済誌『エコノミスト』は、かつて日本経済の特徴は大企業の収益改善の恩恵がトリクルダウンするのではなく、むしろ逆にさまざまな痛み（ペイン）が上から滴り落ちてくる「トリクルダウン・ペイン」になっていることだと指摘したことがある（注４）。アベノミクスのもとで、こうした「トリクルダウン・ペイン」の特徴がますます強まっている。

（4）円安と株高で大企業の利益は増大したが、民間投資は喚起されていない

最近の大企業の利益の増大は、第1に、国内での利益が伸び悩むもとで、海外であげた利益が大半を占めていること、第2に、円安でも輸出価格を引き下げずに価格効果で利益を出していること（円安の恩恵の独り占め）、第3に、非正規雇用の増大による雇用・賃金など労働条件の引き下げ・下請け単価切り下げなどによること、第4に、大企業と中小企業の利益の格差が拡大し、むしろ小企業・自営業の場合は、利益を増やすどころか赤字になっている企業が増えていること、などによるものである。

安倍内閣は、「民間投資を喚起するため」に、法人実効税率を、すでに２０１３年から15年度までに34・62％から32・11％に引き下げてきたが、さらに２０１６年度には29・97％へ、18年度には29・74％へと、２段階で引き下げるとしている。

しかし、アベノミクスがかかげた第３の矢の「民間投資の喚起」はおこっていない。ＧＤＰ統計でも、かつては80兆円近くあった民間設備投資は、２０１５年10月―12月期は72・８兆円の水準にとどまっている（この中には中小企業も含まれる）。

（5）円安と株高は「株式資本主義化」を促進し、海外の金融変動に弱い体質をもたらしてきた

最近の円安は、以前の円安のように輸出拡大→国内生産拡大→雇用・賃金増大→内需拡大という拡大再生産をもたらしていない。円安でも、大企業の海外進出と多国籍企業化が促進され、「日本経済の構造変化（二極化）」を促進しているからである。

株価の上昇も、日本経済の成長の現れではない。異次元の金融緩和、年金基金の投入、日銀の株購入などによる「官製相場」であり、そこへ海外の投機資金が流入している。株価が上昇しても、国内投資は増えないために、ＧＤＰがマイナス成長にもかかわらず株価だけが上昇した。アベノミクスによる日本経済の「株式資本主義化」の促進は、海外の金融変動や投機的資本の活動に弱い経済体質をもたらしている。

しかし、その日銀による異次元の金融緩和の「効果」も、そろそろ限界にきている。株価は日経平均で２０１５年６月の２万８６８円をピークに同年８月以降は低迷し、２０１６年に入ると一時は１万４９５２円にまで下落するなど不安定な状態が続いている。

（6）安倍内閣のもとで「原発推進」と「経済の軍事化」が急激にすすみはじめている

すでに述べたように、安倍内閣の経済政策は、安倍首相の言う「デフレ脱却」とか「景気回復」などの国民受けの良い政策だけではない。安倍内閣がもっとも熱心に取り組んできたのは、原発推進と軍事力強化のための経済政策である。この点については、次に節をあらためて、詳しく見ておこう。

3　アベノミクスと「経済の軍事化」――戦争法の物質的基盤の構築

安倍内閣の軍事力強化のための経済政策は、特定秘密保護法の制定や安保法制（戦争法）などの政治立法と連動し、一体的に強行されてきている。表2は、これまで3年3カ月の間に、安倍内閣がすすめてきた軍事力強化にかかわる事項を年表にしたものである。この年表を一瞥《いちべつ》しただけでも、安倍内閣が、いかに、急激なスピードで軍事力強化路線を実行してきたかがわかる。

表2　安倍内閣のもとで急激にすすむ軍拡路線（経団連も含む）

2012年	12	第2次安倍内閣発足　《衆議院選挙》
2013年	1	「防衛力の在り方検討委員会」設置
	2	「安全保障の法的基盤の再構築」懇談会 「国家安全保障会議の創設」有識者会議 TPPの日米共同声明　日米首脳会談（ワシントン）
	5	2013年度予算成立（軍事費増に転換） 【経団連】防衛計画の大綱に向けた提言
	7	《参議院選挙》
	8	「防衛省改革の方向性」公表
	9	東京五輪のための「防衛省・自衛隊特別行動委員会」発足 「安全保障と防衛力」懇談会　日米首脳会談（サンクトペテルブルク）
	10	日米防衛協力の指針の見直し開始
	11	自衛隊法の改正
	12	特定秘密保護法成立 国家安全保障会議の設置 「新防衛計画の大綱」決定 「新中期防衛計画」決定 「統合機動防衛力構築委員会」発足 安倍首相が靖国神社参拝 ※（沖縄県知事が米軍新基地の公有水面埋立承認）
2014年	1	内閣府に国家安全保障局を設置 沖縄基地負担軽減推進委員会の設置
	3	2014年度予算成立（軍事費2年連続増） 自衛隊にサイバー防衛隊を新編成
	4	「武器輸出三原則」撤廃　日米首脳会談（東京） 原発推進のエネルギー基本計画
	6	「防衛生産・技術基盤戦略」の決定（防衛省）
	7	「集団的自衛権」行使容認の閣議決定
	8	防衛省・辺野古の埋立て予定地で海底ボーリング調査を開始
	11	【経団連】宇宙基本計画に向けた提言　《沖縄県知事選挙》
	12	第3次安倍内閣発足　《衆議院選挙》
2015年	1	宇宙基本計画
	2	ODA大綱改定（新たな「開発協力大綱」） 【経団連】サイバーセキュリティ対策の強化に向けた提言
	3	「戦後70年秘話」有識者会議
	4	2015年度予算成立（軍事費3年連続増） 新たな「日米防衛協力の指針」（ガイドライン） 日米首脳会談（ワシントン）
	5	安保法制（戦争法）を国会に上程
	6	通常国会の会期末=95日の会期延長を強行
	7	安保法制、衆院で強行採決──9月19日、参院本会議で採決・成立
	9	【経団連】防衛産業政策の実行に向けた提言
	10	防衛装備庁発足
	12	インドへの原発輸出へ向け〈原子力協定〉で原則合意 2016年度予算案（軍事費5兆円突破）

（資料）拙著『アベノミクスの終焉、ピケティの反乱、マルクスの逆襲』に掲載した年表をもとに、その後の情勢を追加補正して作成。

（1）5兆円を突破した軍事費

安倍内閣は、発足後1年目の2013年12月には、国民の圧倒的な反対の声を無視して特定秘密保護法を強行採決した。それに先立って2013年7月の参院選後、日本版NSC（国家安全保障会議）の設置、「国家安全保障戦略」の決定、新たな「防衛計画の大綱」と「中期防衛力整備計画」（今後5年間に約24兆6700億円の計画）の策定、11年ぶりに軍事予算の増強などなど、わずか1年余の間に、猛烈な勢いで軍拡政策を実現した。その後、軍事費は、13年度に続き、14、15、16年度と4年連続で増加し、2016年度には当初予算として初めて5兆円を突破した。

（2）自衛隊版「海兵隊」の創設――戦争法を実行する物質的基盤の構築

軍事費の量的な増強だけではない。「集団的自衛権」行使を先取りする新たな質的な軍事力強化が開始された。たとえば自衛隊は米軍の海兵隊のように海外で活動できる部隊を計画している。2013年12月に決定した新防衛大綱では、2018年度までに海岸線で着上陸をする部隊など約３０００人規模で構成される「水陸機動団（仮称）」を新たに編成するとしている。陸上自衛隊は、すでに10年も前から水陸両用作戦のノウハウを蓄積するため、米海兵隊と継続的に共同訓練をしてきたが、いよいよ日本版海兵隊の部隊編成を開始したのである。「防衛白書」では、自衛隊の「水陸機動団」は米軍の海兵隊とは違うと説明しているが、違いを強調すればするほど、米海兵隊をお手本にしていることがわかる。

防衛省予算には、日本版海兵隊を編成するために、水陸両用車が２０１５年度30両（２０３億円）、16年度11両（78億円）、水陸両用作戦の展開能力を強化するための輸送ヘリコプター（ティルト・ローター機）が２０１５年度５機（５１６億円）、16年度４機（４４７億円）計上されている。このように、安倍政権のもとで安全保障の法的基盤の構築と軍事力の物質的基盤の構築の両方が車の両輪のように急ピッチですすめられはじめているのである。

（３）「武器輸出三原則」の撤廃で活気づく軍需大企業

安倍内閣は、２０１４年４月に「武器輸出三原則」を撤廃し、続いて同年６月には、「防衛生産・技術基盤戦略」を決定、２０１５年10月には武器の調達・研究開発を統一的に促進するために「防衛装備庁」を発足させた。これまでは武器輸出が禁止されていたため、工業生産額全体に占める日本の軍事生産は1％以下にすぎなかった。しかし、「武器輸出三原則」が撤廃されたために、日本の軍需大企業は約50兆円とも言われる世界の武器市場めがけて、いま猛烈に勢いづいている。日本経団連は、安倍内閣による安保法制の採決・成立を見越して、軍需産業の振興策を求める提言「防衛産業政策の実行に向けた提言」（２０１５年9月15日）を発表した。

現在の武器は、製品も製造過程もＩＣＴ（情報通信技術）化しており、軍需産業のすそ野は大きく広がっている。米国の軍事専門誌「デフェンス・ニュース」社が毎年発表している世界の軍需企業トップ１００のなかで、この15年間にランキング入りした日本企業を調べると19社もある。その顔ぶれをみると、三菱重工業やＩＨＩなどの軍需企業とともに、東芝、ＮＥＣ、日立、三菱電機、富士通、ＤＳＮなどの電機・情報・通信企業が軒並み顔をそろえている。

「武器輸出三原則」の撤廃――「防衛生産・技術基盤戦略」の決定――「防衛装備庁」の発足などなど、軍事産業の育成・拡大は、安倍内閣の隠された「成長戦略」の有力な柱になりつつある。

（４）日米軍事同盟の強化とＴＰＰのねらい

安倍政権の軍拡路線は、日米安保条約にもとづいて米国の戦争にたいする加担・協力体制の強化として、対米従属的な性格を持っている。そのために、安倍政権の「経済軍事化」も、米国との「集団的自衛権」行使のための安保法制の整備や「日米防衛ガイドライン」のもとで米軍とともに自衛隊がたたかう仕組み作りという形で現れてきている。安倍政権の軍拡路線の推進は、対米従属の強化と一体になっているのである。

安倍政権発足後最初の日米首脳会談（２０１３年４月）では、「ＴＰＰに関する日米共同声明」を発表した。ＴＰＰ（環太平洋連携協定）は、米日多国籍企業のアジア支配のための「市場圏づくり」が直接のねらいであるが、同時にそれは、日米軍事同盟を支える勢力圏作りであり、軍事的なねらいもある。外務省の『外交青書』（２０１５年版）でも、「日米同盟の強化」の課題としてＴＰＰの早期妥結をあげている。

（5）国民の意思をふみにじる「原発推進・再稼働」路線

戦後日本のエネルギー政策は米国に従属して形成され、とりわけ原発政策は日米原子力協定によって強く制約されてきた。歴代の自民党政権の原発政策は、財界・大企業（原発機器メーカーの東芝、三菱重工、日立など）の利権とともに、日米軍事同盟のもとで、１９５０年代の初発から今日まで、一貫してアメリカの核戦略を支える役割を担わされてきた。

安倍内閣は、2014年4月に原子力発電所の再稼働、原発を「重要なベースロード電源」と位置づける「エネルギー基本計画」を決定した。安倍内閣の「原発推進・再稼働」路線は、アベノミクスの主柱の一つである。

2030年末には日本に存在する原子炉43基のうち25基が「40年」を超えて廃炉となる。風力、太陽光、水力、地熱など、自然エネルギーを開発すれば、将来にわたって、原発ゼロでも、十分やっていける。原発ゼロ・再稼働を中止させることは、アベノミクスからの転換をもとめる最重要課題の一つである。原発ゼロ・再稼働反対の官邸前行動は、2016年2月までに186回、4年間ずっと続いている。

4「アベノミクスの第2ステージ」の狙いとゆくえ
――「一億総活躍社会」と「新・三本の矢」

安倍首相は、2015年6月から「アベノミクスは第2ステージに入った」などと言いはじめ、9月に入ると「一億総活躍社会」をスローガンに「新・三本の矢」をかかげるようになった。そして10月7日に第3次安倍内閣を発足させると、一億総活躍担当大臣を任命し、内閣官房に「一億総活躍推進室」と「関係府省庁連絡会議」を発足させ、さらに「ニッポン『一億総活躍』プラン」の策定にあたる「一億総活躍国民会議」を設置した。11月26日には、「一億総活躍社会の実現に向けて緊急に実施すべき対策」を発表した。

しかし、この「緊急対策」なるものは、マスメディアからの評判はすこぶる悪く、肝心の自民党の執行部のなかからも、「全体のつながりが見えない」、「ひどい中身だ」、「総花的で何をどうしたいのか分からない」などと批判や不満が続出したなどと報道されている。

(1)「希望を生み出す強い経済」――目標「名目GDP600兆円」(2015年＝499兆円)

第1の矢の「強い経済」では、「名目GDP600兆円」を目標にかかげている。しかし、アベノミクスの3年間で明らかになったのは、「日本経済の二極化」「格差の拡大」「貧困の増大」「株式資本主義化」がますます進んできたことである。しかも、2015年の名目GDPの実績値は499・1兆円であるから、2020年までに600兆円を達成するためには、名目4%近い高い成長が必要になる。しかし現実には、2014年の消費税増税のあと日本経済は低迷し、2015年10―12月期にはマイナス成長に転落してしまった。

(2)「夢をつむぐ子育て支援」――目標「希望出生率1・8」(2014年=1・42)

第2の矢の「子育て支援」では、「希望出生率1・8」を目標にかかげている。しかし、1984年以来、これまで30年間、「出生率1・8」を超えたことは一度もない。非正規雇用を増やし、産みたくても産めない社会にしておいて、出生率が上昇する見込みはない。もともと、日本の深刻な「少子化」現象は、これまでの自公政権の悪政、財界・大企業の「利潤第一主義」の経営など、日本社会の歪《ゆが》みが「投影」されたものである。そこを変えずに、「出生率」の上昇は決して望めないであろう。

(3)「安心につながる社会保障」――目標「介護離職ゼロ」(現在=約10万人)

第3の矢の「社会保障」では、「介護離職ゼロ」の目標をかかげている。家族の介護のために仕事を辞める介護離職者は、2011年10月~12年9月で10・1万人、5年前の2倍に膨らんでいる。もともと「介護離職ゼロ」の目標自体が、労働力不足、人手不足を心配する財界・

大企業経営者の要求である。資本の側の都合で、すぐに首を切れる無権利の非正規雇用を拡大し、「介護離職」を急増させてきたのは、財界・大企業の責任である。それに何の反省もないまま、実現の保証のない〝絵に描いた餅〟をかかげるのは、あまりにも無責任である。

《「アベノミクスの第２ステージ」に示された矛盾と混迷》

今日の「少子化」「人口減少」現象の第１の原因は、ただ目先の利益さえ極大化すればよいという大企業の短期的な経営戦略の行き着いた先、必然的帰結にほかならない。とりわけ安上がりの労務管理対策（非正規雇用、賃金抑制）と長期的な労働力確保（「少子化」対策）とは、資本にとって、完全な「トレードオフ（二律背反）」の関係にある。第２の原因は、自公政権の社会保障制度の「構造改革」路線と「少子化社会」対策は、これもまた、政府にとって、深い「トレードオフ（二律背反）」の関係にあるということである（注５）。

戦後の社会保障の歴史を振り返ってみるとわかるように、安倍内閣の「新・三本の矢」は、かつての「臨調行革」路線、最近の「新自由主義」路線の時代から続けられてきた制度改悪の矛盾が累積し、その矛盾が「人口減少」や「介護離職急増」の形でふき出してきたことを現している。そのために安倍内閣は、言葉の上だけでも、「夢をつむぐ子育て支援」とか「安心につながる社会保障」などの目標を、国民に約束せざるを得なくなっているのである。

安倍内閣は、一方では、従来の「福祉削減」「市場化」「構造改革」路線を転換するのではなく、それを「一億総活躍社会」の名で続けながら、他方では、国民の要求と運動の大きな発展によって、部分的には「改良的な方策」にも取り組まざるを得なくなっている。「アベノミクスの第2ステージ」は、ますます矛盾と混迷を深める路線にならざるをえないであろう。

むすびに――アベノミクスの破綻と消費税問題

安倍内閣は、アベノミクスの破綻があらわとなるなか、2017年4月からの消費税増税を予定通り強行するかどうか、深刻なジレンマに立たされている。消費税増税を強行すれば、さらなる家計消費の落ち込みを招き、日本経済はますます行き詰まってしまう。もし、もういちど消費税増税を延期すれば、アベノミクスの破綻を自ら認めることになってしまう。まさに「前門の虎、後門の狼」である。

そこで安倍内閣は、アベノミクスによって家計消費支出が大幅に落ち込んでしまったという、アベノミクス破綻の事実を認めないまま「消費税増税延期」をする口実はないものかと、必死になっている。

たとえば安倍内閣は、伊勢志摩サミットの準備のためと称して「国際金融経済分析会合」なるものを7回にわたって開いた。米国のスティグリッツ教授やクルーグマン教授など日本でもよく知られているノーベル賞経済学者たちを招いて、国際経済情勢についての意見を聞くという触れ込みであった。しかし、この「会合」の真のねらいが、これらの著名な経済学者たちに「世界経済のために消費税増税は延期すべきだ」という意見を語らせて、「消費税増税延期」の口実にしようというのであったことはみえみえである。さらに、4月に熊本地震が起こってからは、「世界景気低迷と熊本震災の2つが日本経済に与える影響を『合わせて1本』とみる」などと言い出している。熊本震災の影響まで利用しようというのは、いかにも姑息な政略的発想である。

いずれにせよ、国民的立場からいま大事なことは、アベノミクスの破綻を徹底的に追及し、国民的運動の力で戦争法の廃止とともに消費税増税を中止させること、そして国民の力で安倍政権の退陣を実現することである。

（注1）「アベノミクス」は、一般的な意味では「安倍内閣の経済政策」のことであるが、安倍内閣の言うように、アベノミクス＝「3本の矢」と狭く解するなら、それは安倍内閣の経済政策の一部分にすぎず、その全体像を表すものではない。41ページの図2で示すように、アベノミクス＝安倍内閣の経済政策の意味と全体構成を明らかにすることも、本章の課題の一つである。

（注2）拙著『「アベノミクス」の陥穽』（２０１３年3月、かもがわ出版、2ページ）。

（注3）拙著『アベノミクスの終焉、ピケティの反乱、マルクスの逆襲』（2015年6月、かもがわ出版、2ページ）

（注4）"Japan Trickle-down pain"（The Economist May 8th 2003）

（注5）トレードオフとは、経済政策において、一つの政策目標を達成しようとすると、他の政策目標がうまくいかなくなること。たとえば、失業対策のために景気刺激策（金融緩和や財政膨張）をすすめると、インフレ・物価上昇がおこり、逆に、インフレ抑制のために景気抑制策をとると、失業者が増大すること。

第2章 「アベノミクス」とＴＰＰ
――ＴＰＰからの撤退で、国民生活の安定を

萩原伸次郎

はじめに

いうまでもなく、ここでいうＴＰＰ協定とは、２０１５年10月5日に、参加12カ国の閣僚が、交渉妥結を宣言した「大筋合意」の協定のことである。この協定は、この2月4日、ニュージーランドのオークランドで参加12カ国の代表によって、署名されたが、これによって直ちに発効するわけではもちろんない。各国議会の批准によって発効するのである。しかも、このＴＰＰ協定には、第30章に最終規定があり、「発効については、全ての原署名国が国内法上の手続を完了した旨を書面により寄託者に通報した日の後60日で発効する。ただし、署名後２年以内に全ての原署名国が国内法上の手続を完了した旨を通報しなかった場合には、原署名国の２０１３年のＧＤＰの合計の少なくとも85％を占める、少なくとも6カ国が国内法上の手続を完了した旨を通報すること」というふうに、発効の条件が定められている。ＧＤＰ大国の日米両国の批准が、この「大筋合意」のＴＰＰ成立のカギを握っているということになり、どちらか一方が批准できなかった場合には、発効することはないということになる。日本ははやばやと、２０１６年3月8日に、ＴＰＰ本体の承認案と関連法案を閣議決定し、国会へ提出した。衆議院に特別委員会が設置され、早期の成立を安倍政権は目論《もくろ》んでいる。

一方米国では、オバマ大統領が、署名し、議会に成立を促しているが、簡単には承認されそうにはない。オバマ大統領は、たしかに議会から貿易促進権限を得ており、議会に対して一括承認を迫ることができるが、当の議会が簡単に動こうとはしないからである。現在、米国では、大統領候補者選びが佳境に入っている。今回の大統領選挙では、民主・共和両党とも従来とは全く異なった事態が展開している。民主党は、オバマ政権で国務長官を務めた、ヒラリー・クリントンが有望であるが、彼女にぴったりくっついて、「民主社会主義者」バーニー・サンダースが代議員獲得数を伸ばし、ヒラリーの簡単な勝利とはならないからである。サンダースは、明確にＴＰＰ反対を打ち出し、国内雇用の削減の危険性を訴え、ヒラリーもそれに影響されてか、「大筋合意」のＴＰＰは、自分の基準を満たしてはおらず、反対だと言っている。

一方、共和党は、従来の新自由主義路線をとる候補が、いずれも、不動産王ドナルド・トランプの後塵《こうじん》を拝し、徹退した。ドナルド・トランプの言動は、必ずしも一貫しているとは言えないが、不法移民問題を出したり、「従来の貿易協定によって国内の雇用が失われた。自分は、国家の力で、雇用を国内に取り戻し、米国を強くする」と扇動し、白人低所得者層に圧倒的支持を取り付けている。トランプも、「大筋合意」のＴＰＰには、反対である。こうした状況を見ると米国議会が、オバマ大統領の意を受けて、早々とＴＰＰを批准することは困難であり、11月の総選挙後の２０１７年１月の新議会開会以降にずれ込みそうである。

日本のＴＰＰ反対は、農業との関連で主張されることが多い。が、米国の場合は、雇用問題が前面に出る。これはいったいなぜなのか、まず「大筋合意」のＴＰＰの基本性格をつかむところから議論を始めることとしよう（注1）。

1　「大筋合意」のＴＰＰの基本性格――米日多国籍企業がＴＰＰで狙うもの

「大筋合意」のＴＰＰの基本精神は、「米日多国籍企業の、多国籍企業による、多国籍企業のための包括的協定」といってよいであろう。日本政府が発表した「環太平洋パートナーシップ協定の概要」によれば、次の5つの特徴があるとされる。

第1が、包括的な市場アクセスである。「ＴＰＰは、各国の企業、労働者及び消費者に新たな機会と利益を創出するため、物品及びサービスの実質的に全ての貿易にまたがる関税及び非関税障壁を撤廃又は削減し、物品及びサービスの貿易及び投資を含む貿易の全域を対象としている」。

第2が、コミットメントに対する地域的アプローチである。「ＴＰＰは、生産・サプライ・チェーンの発展と継ぎ目のない貿易を促進するとともに、効率性を向上させ、雇用を創出し及び支援し、生活水準を高め、保全の取り組みを強化し、国境を越える統合を円滑にし、並びに国内市場を開放するという我々の目標を支援するものである」。

第３が、新たな貿易課題への対処である。「ＴＰＰは、デジタル経済の発展と世界経済における国有企業の役割等の新たな課題に対処することにより、イノベーション、生産性及び競争力を促進する」。

第４が、包摂的な貿易である。「ＴＰＰは、あらゆる発展段階の経済とあらゆる規模の企業が貿易から利益を得ることができることを確保することを追求する新たな要素を含む。ＴＰＰには、中小企業による協定の理解を支援し、協定の機会を活用し、中小企業特有の課題をＴＰＰ参加国政府に知らせるというコミットメントを含む。ＴＰＰは、また、全ての締約国が本協定のコミットメントを満たし、その利益を十分に活用することができることを確保するため、開発及び貿易の能力開発に対する特定の約束を含む」。

第５が、地域統合のプラットフォームである。「ＴＰＰは、地域経済統合のためのプラットフォームとして計画され、アジア太平洋地域のエコノミーを追加的に取り込むことを意図するものである」。

この５つの特徴をみても、ＴＰＰは、ＧＡＴＴの精神と異なり、多国籍企業の国境を越えた自由な営業を保障する貿易・投資協定であることがわかる。つまり、ＴＰＰ協定は、従来から指摘されてきたように、物品・サービスの貿易および投資を含む全域にわたって関税、非関税障壁を撤廃することが目指されるのである。農産物においては、2328品目中約8割に当たる1885品目において関税が撤廃される。関税が残る品目についても大幅に関税が引き下げられ、長期的には、限りなく0％に近づくということになる。コメ、小麦・大麦、牛肉・豚肉、乳製品、甘味資源作物については、関税を守ったと安倍首相はいうが、コメについては、新たに無関税の枠の大幅な拡大を行ったし、小麦・大麦、乳製品、甘味資源作物については新たに無関税枠が設置された。しかも、関税について、協定発効から7年たった後に米国、オーストラリア、カナダ、チリ、ニュージーランドの5カ国と再協議に応じるという規定を結んだとあるから、限りなく関税を除去するTPPの基本精神にのっとり事態が展開することはあきらかであろう。

日本共産党参議院議員紙智子氏は、3月7日、参議院予算委員会で、安倍政権が提出しようとしている、TPP協定承認案がいかに国会決議に違反しているかを示し、承認案撤回を迫った（注2）。紙氏が指摘の国会決議では、次のように書かれているからである。「米、麦、牛肉・豚肉、乳製品、甘味資源作物などの農林水産物の重要品目について、引き続き再生産可能となるよう除外又は再協議の対象とすること。十年を超える期間をかけた段階的な関税撤廃も含め認めないこと」。安倍政権のTPPへの対応は、まさに紙氏のいうように国会決議に違反しているのである。

こうした関税撤廃あるいは無関税枠の拡大や設定は、明らかに日本の農業に壊滅的打撃を与えるだろうし、食糧自給率の低下が懸念される。TPP推進派は、しかし、関税撤廃による輸入製品の価格低下によって、消費者が恩恵をこうむるなどと主張しているが、これほどおかしな議論はないといってよい。なぜなら、日本がTPP協定を批准し、参加し、締約国からの安い農産品や食品が大量に日本に入ってくることになれば、確実に賃金は低下の傾向を辿るからである。賃金は、基本的に生活費から成り立っていることをゆめゆめ忘れてはならない。農産品の約8割が無関税によって、日本に輸入されたならば、従来関税によって高かった農産品価格が下がることは容易に理解できるだろう。食料品物価の低下による生活費の低下と賃金削減、これがまた、米日多国籍企業の狙い目でもある。こうなると日本経済の停滞状況は解消するどころか、より深刻になる。かくして、さらなる賃金低下、内需の落ち込み、デフレの進行という「魔のスパイラル」が引き続き起こされることとなるだろう。TPP参加の行き着く先は、貧困と格差の拡大となってしまう（注3）。

しかし、こうした国内経済の疲弊に関して、大筋合意のTPPは、何ら考慮することなく、第2のコミットメントに対する地域的アプローチで、多国籍企業によって、国境を越える統合を円滑にし、国内市場を開放する継ぎ目のないサプライ・チェーンの形成を行い効率性をあげよと議論する。しかも、ＴＰＰの締結で、雇用を創出し、生活水準を高めるという聞き触りの良い言葉を使いながら、目標を達成させるというのである。しかし、こうした雇用創出の貿易効果は、すでに過去のものとなっていることに注意しなければならない。それは、企業が、原材料から完成品の製造まで国内で行い、輸出を増進していった時代の議論であって、今日の多国籍企業時代では、国境を越えた利潤増加を目的とするコスト効率的なサプライ・チェーンを形成するのであるから、自由貿易の促進は必ずしも雇用増大にはつながらないのである。

現在、米国の全国的労働者組織（ＡＦＬ‐ＣＩＯ）がＴＰＰ批准反対の運動を行っている背景には、１９９４年北米自由貿易協定によって、米国内の雇用が逆に奪われ、１９９０年代後半、ＩＴ革命による景気高揚も労働賃金を上昇させることにはならなかった苦い経験を踏まえてのことである。バーニー・サンダースのＴＰＰ反対論の根拠もそこにあり、ドナルド・トランプは、北米自由貿易協定を結んだのは、ヒラリーの夫、ビル・クリントンではないかとして、民主党攻撃の格好の材料としているのである。

第3の新たな貿易課題への対処とは、デジタル経済の発展と世界経済における国有企業の役割などの新たな課題に対処し、イノベーション、生産性及び競争力を促進するとあるが、これなどは、新自由主義的構造改革による公的分野の縮小で、民間企業の儲け口を広げ、稼ぐ力をつけさせる戦略といえるだろう。

第4の包摂的な貿易では、あらゆる発展段階の経済とあらゆる規模の企業が貿易から利益を得ることができるようにとうたっているのも、21世紀型多国籍企業主導型のグローバル経済運営に付き従って、経営を行えば繁栄するということを説得性なく述べているにすぎない。そして、第5に、TPPを地域統合のプラットフォームに位置づけ、ゆくゆくは、アジア太平洋の地域の統合、すなわち、アジア太平洋自由貿易圏（FTAAP）につなげることをもくろんでいるといえるであろう。

TPPは、国内労働者、消費者、中小商工業者、農業者等、国民経済の基本をなしている人々にとっては、何のメリットもなく、国境を越えて利潤追求を行う多国籍企業に都合よくできた国際連携協定といえる。こうしたTPPの基本的性格は、「大筋合意」協定の重要な柱であって、例えば、「第3章　原産地規則及び原産地手続」を検討すればよくわかる。原産地規則とは、輸入される産品について、関税の撤廃・引き下げの関税上の特恵待遇の対象となるTPP域内の原産品として認められるための要件、及び特恵待遇を受けるための証明手続きについての定めのことをいう。とりわけ、「完全累積制度の実現」という点に注目しなければならない。そこには、「複数の締約国において付加価値・加工工程の足し上げを行い、原産性を判断する完全累積制度を採用する」とある。これは明確に、多国籍企業の国境を越えるサプライ・チェーンの形成を促進することを目的としたものである。なぜなら、一般の原産地規則は、付加価値方式をとる場合、当該国での付加価値のみが輸出の場合、計算に入れられるのであるが、累積制度を採用すれば、締約国間での部品や中間財の付加価値も原産品として算入されるから、コストダウンのサプライ・チェーンを締約諸国内で自由に形成することが可能となる。だから、TPPによる自由貿易で輸出が促進され、雇用が増大するなどといわれてもその保証はどこにもない。多国籍企業は賃金が高ければ、そうした地域を避け、締約国内のどこでも自由に、自国同様に企業設置ができるし、他企業との取引も可能となるわけである。

そして、「第9章　投資」において、多国籍企業が締約国内のどこでも自由に企業活動ができるように、様々な仕掛けを用意しているのである。まず、投資財産の設立及び設立後の内国民待遇及び最恵国待遇である。投資しようとする締約国企業を他の締約国企業と差別してはならず、一旦企業が立地されたならば、その国の企業と同じように処遇すべきで外資系企業ということで差別してはならないのである。だから、立地された企業へ、ローカルコンテント要求や技術移転の要求をしてはならないことになる。ローカルコンテントとは、外国企業が現地で生産する場合、その現地で生産された部品や中間財を使用しなければならないと定めることである。資本を受け入れる国にとっては、地元企業の製品が売れることになるから好都合であるが、外国企業にとっては「効率的」サプライ・チェーンを築くことができなくなる。したがって、国境を越えて多国籍企業に都合のいい生産システムを形成するためには、こうした規制は禁止されることとなる。そのほか、特定の率のライセンス契約に関するロイヤリティを禁止するとか、特定の技術仕様の要求を禁止するとか、多国籍企業活動を縛る様々な規制を解き放つことが決められている。

そして、その極めつけは、ＩＳＤ条項といえるだろう。投資家対国家紛争条項ともいわれるこの条項は、企業がＴＰＰ締約国に進出し、業を営み、その企業が当該国政府あるいは自治体から「不利益を被った」と判断した場合には、その政府・自治体を相手に損害賠償を要求し、提訴できるとするものである。北米自由貿易協定の下では、実際に適用され、実施されている。最近の事例では、石油パイプラインのカナダと米国間の建設を環境悪化の観点から、オバマ政権が差し止め命令を出したのであるが、それを不服としたカナダの企業が、米国政府をこの条項を盾に訴えようとする事態が発生している。米国におけるかなりの自治体で、ＴＰＰ反対、「ＴＰＰ除外地域」宣言を行っているのは、こうした事態が現実に起こっているからにほかならない。ＴＰＰ推進のオバマ政権にとってはまことに皮肉な事態だといえるだろう。

こうしてみてくると「大筋合意」のＴＰＰは、まさに米日多国籍企業の利害のもとに形成されているといっていいだろう。

2 「アベノミクス」の国際展開戦略――米日財界による農業支配が意図するもの

ところで、このTPPは、安倍政権の経済政策、いわゆる「アベノミクス」の中長期戦略の要の位置を占めることに注意しなければならない。米国におけるTPP反対の動きに危機意識を持った日本の財界が、TPP成立のために積極的行動を開始したというニュースは、このことを示しているといえるだろう。

もともと、この戦略は、2013年6月、アベノミクスの第3の矢「日本再興戦略」として発表されたものである。その前、3月15日に、自民党の公約破りによって、安倍首相は、TPP参加を打ち出したばかりであった。「日本再興戦略」の総論では次のように言う。「安倍政権が発足して半年に満たないが、デフレマインドを一掃するための大胆な金融政策という第1の矢、そして湿った経済を発火させるための機動的な財政政策という第2の矢を放つと同時に、TPPへの参加、電力システムの改革、待機児童解消など、必要性は言われながらも棚上げとなっていた課題についても決断し、実行に着手するまでに至っている」（注4）。

まさしくTPPへの参加は、棚上げとなっていた課題を克服し、日米多国籍企業の資本蓄積強化のための国際戦略の一層の推進ということを意味したのである。したがって、この国際展開戦略においては、戦略的な通商関係の構築と経済連携の推進が謳われ、「このため、特に、ＴＰＰ（環太平洋パートナーシップ）協定交渉に積極的に取り組むことにより、アジア太平洋地域の新たなルールを作り上げていくとともに、ＲＣＥＰ（東アジア地域包括的経済連携）や日中韓ＦＴＡといった広域経済連携推進と併せ、その先にあるより大きな構想であるＦＴＡＡＰ（アジア太平洋自由貿易圏）のルールづくりのたたき台としていく」（注５）と述べたのである。

こうして、アベノミクスの第３の矢の国際展開戦略の要にＴＰＰが位置付けられたのであるが、その翌年、『「日本再興戦略」改訂２０１４』では、「稼ぐ力」というのが、戦略のキーワードとなった。２０１４改訂版では、「日本人や日本企業が本来有している潜在力を覚醒し、日本経済全体としての生産性を向上させ、「稼ぐ力（＝収益力）を強化していくことが不可欠である」（注６）とされたからである。また、「岩盤規制に穴を空ける」という表現のもとに日米多国籍企業の資本蓄積のための構造改革が目指されることとなった。この改訂版では、次のように述べられた。「第二次安倍内閣発足後のマクロ環境の改善により企業業績は回復しつつあるものの、競合するグローバル企業との比較では、未だ十分とは言い難い。サービス分野を含めて生産性の底上げを行い、我が国企業が厳しい国際競争に打ち勝っていくためには、大胆な事業再編を通じた選択と集中を断行し、将来性のある新規事業への進出や海外展開を促進することや情報化による経営革新を進めることで、グローバル・スタンダードの収益水準・生産性を達成していくことが求められている」（注7）。また、「国際的な立地競争力を高めて、国内外の企業から日本への投資を促していくためには、いわゆる岩盤規制に一つ一つ穴を開けていくことにとどまらず、環太平洋パートナーシップ（TPP）をはじめとする経済連携交渉を加速して、モノ・サービス・投資の国境を超えた移動の障害を取り除くとともに、電気料金をはじめとするエネルギーコストの上昇を回避するためにエネルギー政策を抜本的に改革することや、成長志向型の法人税改革を断行すること等により、ビジネス環境の改善に向けたマクロ面、制度面でのアプローチをより一層強化していかなければならない」（注8）と述べる。

この『「日本再興戦略」改訂2014』によれば、日米多国籍企業にとって不都合な「岩盤規制」なるものは、3つあるという。それは、①労働の分野、②農林水産の分野、③医療分野である。①では、女性の活躍とか、外国人の採用とか述べられるが、「柔軟で多様な働き方の実現」（成果で評価する労働時間制度の創設である）、まさしく成果主義賃金の導入である。②では、攻めの農林水産業への転換と言っているが、農業委員会・農業生産法人・農業協同組合の一体的改革を通じての、財界による農業支配を狙っていることは一目瞭然である。③は、健康産業の活性化と質の高いヘルスケアサービスの提供などと言っているが、要は、国民皆保険制度を骨抜きにし、医療サービスを市場メカニズムに組み入れることなのである。

これら3つは、いずれもＴＰＰと無関係ではなく、とりわけ、農林水産と医療分野は、ＴＰＰ参加という対外的圧力を利用しての、「岩盤規制への穴あけ」ということになる。ここでは、その直接的影響が大きい、農林水産業について、安倍政権がいかなるやり方で、「農政改革」を展開しようとしているのかについて、述べてみよう（注9）。安倍自公政権にとって、危惧されるのが、ＴＰＰ協定成立による農村地域からの批判票である。そこで打った手が、ＴＰＰ対策本部の立ち上げと３０００億円にも上る補正予算による補助金バラマキ作戦だった。しかも、その対策本部の責任者に自民党農林部会長小泉進次郎衆議院議員を任命し、ＴＰＰ批准後の「農政改革」なるものをマスメディアに積極的に売り込んでいる。

この「農政改革」は、いうまでもなく、上述した『「日本再興戦略」改訂２０１４』で、攻めの農林水産業への転換と謳《うた》われた「農政改革」である。小泉氏が約束するという、「農政改革」の3つの公約なるものは、第1に、まずは政治からチェンジ、補助金漬け農政とは決別する。第2が、〝儲かる農業〟実現のために農協改革の手綱を緩めない。そして、第3が、生産起点から消費者起点へ世界で稼ぐ体制を構築する、というものである（注10）。小泉氏の農業に対する考えは次のとおりである。農業は、伸びしろのある産業で、儲かる農業への転換が必ずできる。そして、そのためには、民間資本を農業に参入させ、農業とアグリビジネスの共存を図る新しい農業を確立すればいい。ＴＰＰは、終わりではなく始まりとし、変化に対応できる農業の実現に向けて対策を打つので一緒に頑張りましょう、というべきだなどとTPP発効を見越して、きわめて能天気なことを言っている。そして、儲かる農業実現のために、農協改革の手綱を緩めないという。あたかも、日本の農業を衰退させたのは、農協だと言わんばかりの勢いである。彼はいう。本来、農政の目標は、「日本農業の発展」であるはずなのに、補助金や予算をいくら獲得できたかが基準になった。補助金まみれの農政は、日本の農業の競争力を弱めたと。

しかし、考えてみれば、農産物の自由化を認め、農業を危機に陥れ、恩着せがましく、補助金を出し、農村からの票をかすめ取って戦後の政治体制を維持してきたのが、小泉氏の自民党ではないか。こういうたぐいの議論を世間では、天に自ら唾するものというのである。関税をきちんとかけ、地域に根差した農業を振興させていれば、なにも膨大な補助金なぞださずに、日本の農業は守れたはずである。

しかし、どうも小泉氏の農協改革の狙いは、また別にあるようなのである。農協改革の一環として、農業金融の見直しも必要であるというからである。JAグループの農林中央金庫には、90兆円を超える貯蓄残高がある。資本金は、3大メガバンクより多い。内部留保は、実に1兆5000億円もある。でも、現状は、農林中金の貸付金残高のうち、農業融資は、0・1％しかない。ならば、農林中金なんていりません、と小泉氏はいうのである。いうまでもなく、ＪＡグループは、生産販売や資材購入といった農業に関連した事業部門と同時に、金融と共済という二大部門を抱えている。従来から、米日財界は、この金融と共済の二大部門を農協から切り離し、彼らの傘下におさめたがっている。

だから執拗に、農協攻撃を展開するのである。郵政民営化を打ち出し、郵便事業から金融・保険を切り離すことに成功した、父小泉純一郎氏のひそみに倣《なら》って、進次郎氏は、農協解体を狙っているといえそうである。だがしかし、２０１２年12月衆議院解散総選挙時の自民党の公約を思い起こしてほしい。「聖域なき関税撤廃のＴＰＰ参加に反対する」と同時に自民党は、政権公約の一つとして、「政府調達・金融サービスなどはわが国の特性を踏まえる」と約束したはずである。郵便局が金融と保険を営むのも、農協が金融と共済を営むのも、まさに金融サービスのわが国の特性ではないのか。

ところで、将来の首相候補と呼び声の高い小泉氏は、安倍政権の中長期戦略の一環として、農業を位置付けるそつのなさもこころ得ている。農業を世界で稼げる産業に育てるとし、日本が誇る最高品質の食品でもって、世界市場で稼げる体制を構築したいと言っているからである。これまた、いうまでもなく、ＴＰＰがらみの戦略ということになる。

3 「アベノミクス」と戦争法――TPPと戦争法はどのように関連するのか

安倍政権は、2014年7月1日、集団的自衛権行使を容認する憲法解釈変更の「閣議決定」を行った。2015年4月の統一地方選後、安倍首相は、訪米し、集団的自衛権に基づく「安全保障関連法」の成立を約束し、その年の9月19日成立させた。「安全保障関連法」いわゆる「戦争法」は、いうまでもなく、日本において固く禁じられてきた集団的自衛権の行使を容認し、米軍と共に自衛隊を戦争に巻き込む、日本国憲法に明確に違反する稀代の悪法である。

しかも、この悪法は、橋本内閣時の日米安保の再定義に基づく、いわゆる「新ガイドライン」を小渕政権の下で99年5月24日に法制化した、「周辺事態法」を全面改訂したものである。小泉政権時には、03年3月の米英軍によるイラク侵略戦争に加担する「イラク特措法」がその年の7月に強行採決され、自衛隊のイラク派兵が実現する。今回の「戦争法」は、いわばその延長線上の日米軍事同盟の強化がその背景にあり、米日多国籍企業の世界展開を日米軍事同盟によって支えるという意味をもっている。また、安倍政権は、2014年4月1日、日本の武器輸出を禁止した三原則を防衛装備移転三原則に変更し、日本からの武器輸出の促進を図っていることもその背景にある。

この戦争法には、「世界に飛び出し、そして世界を惹きつける」「国際展開に関する限り、商売の話は民間だけに任せればよいという従来の発想を大きく転換し、インフラ輸出やクールジャパンの推進などのトップセールスも含め官民一体で戦略的に市場を獲得し、同時に日本に投資と観光客を取り込む体制を整備する」という財界主導の戦略が関連していること、これは明らかである。「日本再興戦略」における、国際展開戦略は、経済連携協定の前進、インフラ輸出、中堅・中小企業等の海外展開支援、海外需要開拓支援（クールジャパン機構）の設立などとなっている。こうした国際戦略が、日米安保体制という軍事機構によってサポートされており、日本企業の海外進出が積極的になればなるほど、日米軍事同盟による集団的自衛権行使容認の「戦争法」の必要が財界から要請されてくるということが言えるだろう。

まとめにかえて――安倍暴走政治のストップに向けて

いま、「アベノミクス」と対決するには、どのような運動が要請されているのだろうか。

第1に、集団的自衛権行使容認の戦争法を廃止し、行使容認の「閣議決定」を覆す、「国民連合政府」設立が望まれ、この7月の参議院選挙では、そうした方向に日本を進ませることが喫緊の課題となっている。集団的自衛権は、いうまでもなく、国連憲章第51条において次のように定められているものである。「この憲章のいかなる規定も、国際連合加盟国に対して武力攻撃が発生した場合には、安全保障理事会が国際の平和及び安全の維持に必要な措置をとるまでの間、個別的又は集団的自衛の固有の権利を害するものではない。この自衛権の行使に当たって加盟国がとった措置は、直ちに安全保障理事会に報告しなければならない。また、この措置は、安全保障理事会が国際の平和及び安全の維持または回復のために必要と認める行動をいつでもとるこの憲章に基づく機能及び責任に対しては、いかなる影響も及ぼすものではない」。いうまでもなく、この国連憲章第51条においては、わが国日本国憲法第9条とは相いれない権利の行使を認めている。すなわち、日本国憲法第9条第1項では、戦争はもとより武力による威嚇、武力の行使を永久に放棄しているからであるし、第2項では、陸海空その他の戦力を保持しないとしているからである。

しかし、戦後日本の歴史は、解釈改憲の歴史でもあった。1952年、日米安全保障条約発効下で、警察予備隊が保安隊となり、54年には、自衛隊が発足した。1957年には、岸信介内閣による「国防の基本方針」という閣議決定による解釈改憲が実施され、「国力国情に応じ自衛のため必要な限度において、効率的な防衛力を漸進的に整備する」「外部からの侵略に対しては、……米国との安全保障体制を基調としてこれに対処する」とされたのである。

２０１５年9月19日に成立した「安全保障関連法」では、１９５４年自衛隊発足にあたって政府が示した「自衛権行使」三要件が、「武力行使」三要件へ移行した。すなわち、自衛権行使の三要件は、①日本に対する急迫不正の侵害、②その排除のために他に適当な手段がないこと、③その実力行使が必要最小限度にとどまること、であった。それが、武力行使の三要件となると、①に「わが国と密接な関係にある他国に対する武力攻撃が発生した場合」を入れることにより、集団的自衛権の行使を可能としたのである。同盟国が攻撃された場合に自衛隊の武力行使が可能となり、明白にこれは、日本国憲法第9条に違反する。今まさに立憲主義の回復が、重要な課題である意味はそこにあるといえる。

第2に、わが国日本には、米日多国籍企業の利害に基づく「大筋合意」のＴＰＰの成立を阻止し、多国籍化を図る大企業に対抗し、地域に根差した、地域循環型の経済システムを形成することが望まれている。雇用は、こうした地域循環型経済によって創出され、最低賃金の大幅アップにより、国民の購買力をマクロ的に向上させ、名目・実質とものＧＤＰの上昇を実現しなければならないといえる。中小企業の振興、農林水産業の振興、原発依存からの脱却等、自然エネルギーによる地域経済の活性化が望まれる。税制に関して言えば、消費増税を取りやめるのみならず、所得税の最高税率の引き上げ、応能負担の原則に立ち戻り、証券優遇税制や実質的に大企業への優遇となる法人税減税を取りやめ、社会保障の充実、医療・介護・福祉・保育・年金の充実という観点から、日本経済社会の抜本的改革が今望まれているといえるだろう。まさしく、戦後レジームからの脱却ではなく、戦後レジームのより民主的な発展こそ今望まれていることなのである。

（注1）「大筋合意」のＴＰＰ協定の基本性格について、米日多国籍企業の政治経済戦略から論じた、拙稿「『大筋合意』のＴＰＰ協定と米日の政治経済戦略―オバマ政権の対外経済政策とＴＰＰ批准拒否運動―」『前衛』２０１６年1月号所収参照。
（注2）『しんぶん赤旗』２０１６年3月8日付1面。
（注3）この点の詳細は、拙著『ＴＰＰと労働者、労働組合』本の泉社、２０１２年、43～45ページを参照。
（注4）内閣官房日本経済再生総合事務局編『日本再興戦略』一般財団法人経済産業調査会、２０１３年8月、５ページ。
（注5）同上、１５３～１５４ページ。
（注6）『「日本再興戦略」改訂２０１４』２ページ。
（注7）同上、４ページ。
（注8）同上、６ページ。
（注9）この点についての詳細は、拙稿「緊急特集　農協改革の〝先兵〟全てがＴＰＰがらみの戦略」『農業協同組合新聞』２０１６年2月10日付参照。
（注10）『週刊ダイヤモンド』２０１６年2月6日号、28～33ページ。

第3章　ＴＰＰ、インフラ輸出、安保法制と経団連

山中敏裕

国民の多くが強く反対する安保法制の成立を安倍政権は強行した（２０１５年９月）。国民の各方面が強く反対するＴＰＰで強引に大筋合意し（同10月）、協定承認案と関連法案を閣議決定して国会提出した（16年３月）。安倍政権が国民と強く矛盾する政策で突き進むのは、どうしてなのか。また、安倍政権は、インフラ・システムのトップセールスにも邁進《まいしん》している。これらは、経団連（日本経済団体連合会）の意向でつながっている。経団連は、90年代以降、とりわけ21世紀に入ってから、アジア太平洋の広大な地域で多国籍企業が柔軟な最適地事業展開をするための環境整備を渇望しており、ＴＰＰとインフラ輸出と安保法制はその一環である。本章では、90年代以降の経団連の文書をみながら、その要求がいかに安倍政権の政策に結実しているかを明らかにする（注１）。

1　経団連ビジョンと多国籍企業の最適地事業展開戦略

経団連は、多国籍企業の意志を体現し、アジア太平洋地域での最適地事業展開を渇望している。

経団連「平岩ビジョン（注２）」（91年）では、「政府の過剰介入の排除」、「思い切った規制緩和」が言われた。雇用でも「市場原理の一層の導入」が言われ、「様々な痛みを分かち合うことが求められる」とされた。これが「平岩レポート」（93年）を介して、90年代半ば以降の「痛みを伴う改革」に連なった（注３）。この「平岩ビジョン」では、「（一）真に豊かな国民生活の実現」と「（二）国際的貢献の遂行」とを「経済運営の二大目標に掲げる必要がある」とされた。いずれの目標も眉唾であり、経団連は、「国際的貢献」の名のもとに、多国籍企業による最適地事業展開と、そのための環境整備を示している。

企業自体の国際戦略としては、「設計、開発から生産、販売さらには統括機能に至るまで現地化するとともに、現地調達比率の引上げを図るだけでなく、現地人の経営者への登用、現地への権限委譲を進め、意志決定機能の現地化を推進する必要がある」として多国籍企業化の推進を掲げている。

市場制度面では、「開かれた世界市場がわが国経済にとって不可欠」とし、「多角的自由貿易体制の維持・強化のために、痛みを覚悟で先導的役割を果たすのはわが国に課せられた当然の責務」として「国際秩序形成への積極的参画」を求めている。進出先国の産業基盤整備としては、「相手国のニーズに合ったきめ細かな産業開発、技術向上、人材の養成と蓄積等の協力を機動的に進めなければならない」としつつ、政府に対して途上国でのインフラ整備などに尽力することを求めている。こうして、経団連は、90年代から、多国籍企業の海外展開を展望し、国境を越えた市場制度整備と進出先の産業基盤整備とを求めた。

「豊田ビジョン（注4）」（96年）は、２０２０年を念頭に、日本社会のあるべき姿を描き、具体的な課題と改革を提言したものである。「製造業は、生き残りとさらなる発展をかけて、地球規模で最適地調達、最適地生産、最適地販売、最適地開発のためのグローバル・ネットワークを構築しつつ、国内雇用の空洞化の回避を視野に入れて、価格、製品面の競争力を高め、事業体質の強化を図るとともに、新事業分野の拡大を推進していく」とされ、将来においては、『一国フルセット型産業構造』からアジア・太平洋諸国との調和ある分業体系が形成されている」と言われる。

「奥田ビジョン（注5）」（03年）に至ると、MADE〝BY〟JAPANが掲げられ、空洞化をものともしない最適地事業展開が示される。「グローバルな活動によってしか日本企業の国際競争力は高まらない。生産拠点の移転も、世界規模で行われている競争に勝ち抜くための手段であり、空洞化の懸念に圧されて、海外投資を制限すれば、生産性と技術力が高く、本来生き残れる企業を窮地に追い込みかねない」と言われ、グローバル競争のなかでは、MADE〝IN〟JAPANにとどまるわけにはいかないとされる。「企業（場合によっては消費者）は、最適地を求めて世界を移動する」として、企業の最適地事業展開を前提とした通商政策、規制撤廃・構造改革が求められる。

対外面では、「日本が、東アジア自由経済圏構想を、新しい対東アジア経済外交の基軸に据えていくことを提案したい」と言われ、将来的には、「東アジア自由経済圏は、域内外の企業にとって、真に魅力的な市場、投資先を提供し」、「多国籍企業が、設計・開発、素材・原料の調達、部品の生産・調達、組立・製造、物流・流通、現地販売・マーケティング、あるいは輸出、資金回収・決済、アフターサービスといったプロセスを国境を越えて展開するようになっている」という。端的には、「貿易障壁の撤廃や諸制度の調和化、さらにはインフラの整備による域内の取引コストの劇的な低下により、各国の企業が多様な得意分野を効果的に融合し、より強固なバリュー・チェーンを構築していくことができる。／この結果、東アジアにおいてより徹底された最適地生産が可能となる」という。多国籍企業の柔軟な最適地事業展開と国境を越えた市場制度整備と進出先でのインフラ整備は一体である。

「御手洗ビジョン（注６）」（07年）を経た「榊原ビジョン（注７）」（15年）では多国籍企業による最適地事業展開とＴＰＰなどの地域経済統合とインフラ・システムの海外展開とのかかわりが明確に示されている次第は後に見ることにして、次に、地域経済統合への経団連のかかわりを見ることとする。

2　地域経済統合と経団連

（1）経団連とＦＴＡＡＰ、ＴＰＰ

すでに「豊田ビジョン」（96年）において、経団連は、「アジア・太平洋地域は多角的な自由貿易によって恩恵を受けてきており、さらなる自由化の推進のために、ＡＰＥＣの場で各国が話し合うことは有意義である」として「ＡＰＥＣにおける自由化への取り組み」を述べている。枠組みとしては、ＦＴＡＡＰである。「奥田ビジョン」（03年）では、ＷＴＯ交渉の進展を前提に、「東アジア自由経済圏」が言われた。その範囲はＡＳＥＡＮ＋日中韓である。「御手洗ビジョン」（07年）では、「東アジア共同体」の前段として、ＡＳＥＡＮ＋６（日中韓印豪ＮＺ）によるＥＰＡ成立を目指すべきことが言われるが、「ＡＰＥＣ（アジア太平洋経済協力）全域でのＦＴＡ」も展望される。つまり、ＷＴＯ交渉が停滞するなかで、地域経済統合の範囲がアジア太平洋へと再び拡大し、ＦＴＡＡＰが展望されている。

言葉としても、経団連は、早い時期からＦＴＡＡＰに言及している。「日米経済連携協定に向けての共同研究開始を求める（注８）」（06年）では、「今後、検討されるアジア太平洋自由貿易地域協定（ＦＴＡＡＰ）に対しても、日米ＥＰＡはその基礎となり得る」として、ＦＴＡＡＰが展望される。「対外経済戦略の構築と推進を求める―アジアとともに歩む貿易・投資立国を目指して―」（07年）では、「ＡＰＥＣにおけるＦＴＡＡＰに向けた議論も活性化すべきである」と言われた。ＴＰＰに先行してＦＴＡＡＰが言われたことに注目したい。

「『東アジア経済統合のあり方に関する考え方』―経済連携ネットワークの構築を通じて、東アジアの将来を創造する―」（09年）では、「現在、ＡＰＥＣで検討されているアジア太平洋自由貿易圏（ＦＴＡＡＰ）構想や、有志による環太平洋戦略的経済連携協定（ＴＰＰ）など、アジア・太平洋における広域経済連携の動きを引き続き注視しつつ、わが国経済界としての対応を検討していく」として、ＴＰＰへの展望も示された。「アジア太平洋地域の持続的成長を目指して―二〇一〇年ＡＰＥＣ議長国日本の責任―」（10年）では、「地域経済統合（二〇二〇年ＦＴＡＡＰ構築）の道筋」として「二〇一五年までに経済統合の核（ＡＳＥＡＮ＋６／ＴＰＰ等）を完成」と言われ、ＦＴＡＡＰにむけたロードマップが示された。10年６月の段階で、経団連は、同年のＡＰＥＣ首脳宣言（11月）で述べられる内容を、先取り的に示した。ＴＰＰとＡＳＥＡＮ＋６を核にＦＴＡＡＰを構築する狙いには、アジア太平洋という広大な地域での多国籍企業による最適地事業展開がある。

（2）ＡＢＡＣとＡＰＥＣ、経団連

経団連は、国内的にＦＴＡＡＰ構築を求めるだけでなく、ＡＰＥＣビジネス諮問委員会（ＡＢＡＣ）をつうじて、ＡＰＥＣに働きかけている。

ＡＢＡＣは、ＡＰＥＣ唯一の公式民間諮問団体であり、95年のＡＰＥＣ大阪会合で設立が決定された（注9）。「ＡＢＡＣ／ＡＰＥＣの組織・関係」では、ＡＢＡＣはＡＰＥＣ首脳への政策提言や直接対話をおこない、ＡＢＡＣにはＡＢＡＣ日本委員が属している。

ＡＢＡＣ日本委員とＡＢＡＣ日本支援協議会とは相互支援関係にあり、同協議会には日本経団連、日本商工会議所、経済同友会、関西経済連合会といった経済団体と会員企業が属している。経団連をはじめとする財界は、ＡＢＡＣ日本支援協議会を通じて、他国財界やＡＰＥＣ首脳と連携し意思疎通する関係にある。「豊田ビジョン」で「経団連としても積極的にＡＢＡＣの活動を支援していきたい」と述べられたように、財界は、積極的・主体的にＡＰＥＣにかかわっている。

（３）ＡＰＥＣでのＦＴＡＡＰとＴＰＰ

ＡＰＥＣにあっては、まずＦＴＡＡＰ構想があり、ＦＴＡＡＰ構築の核として、ＴＰＰが選ばれた。前提となる事柄を確認しておく。94年の首脳会議で、「ＡＰＥＣ経済首脳の共通の決意の宣言」（ボゴール宣言）が採択され、「先進工業経済は遅くとも二〇一〇年までに、また、開発途上経済は遅くとも二〇二〇年までに自由で開かれた貿易及び投資という目標を達成する」とされた（注10）。95年の「大阪行動指針」では、ボゴール宣言を実施するための一般原則の一つとして、「柔軟性」を定めた。ＡＰＥＣ参加国・地域それぞれの異なる経済発展段階と多様な状況を考慮し、「自由化及び円滑化の過程において柔軟性が認められる」というものである。さらに、01年首脳宣言付属文書「上海アコード」で、「パスファインダー・アプローチ」が採用された。「先遣隊方式」とも言われ、ＷＴＯの一括受諾方式とは対照的に、準備ができている国・地域から試験的に協力をすすめ、他の諸国・地域は、後から準備が出来た時に参加する方式である。

ＡＢＡＣがＡＰＥＣに提言をおこない、ＡＰＥＣが先遣隊方式で提言を実現していく枠組みのもとで、ＦＴＡＡＰ形成に向けた動きが始まる。ＡＢＡＣは、04年にＡＰＥＣに対して、

「ＦＴＡＡＰの実現可能性及び潜在的な範囲と特徴についての更なる検証を行うことに合意すること」を提言した。同年のＡＰＥＣ首脳宣言では、この提言を明記したうえで、「貿易円滑化が死活的重要性を有するとのＡＢＡＣの立場を共有する」と言われた。05年ＡＰＥＣ首脳宣言でも、同05年ＡＢＡＣ提言に言及され、「引き続きビジネス部門と共に取り組んでいく」と言われた。

06年の提言では、ＡＢＡＣはＦＴＡＡＰを停滞するＷＴＯドーハ・ラウンドの予備的プランと捉えたが、現状、ＡＰＥＣ規模での交渉には困難があるので、既存ＦＴＡをもとにしたＦＴＡＡＰへのロードマップを作成すべきとの考えが示され、ＡＰＥＣ首脳宣言でも同趣旨が言われた。つまり、ＡＢＡＣは、先遣隊方式でＦＴＡＡＰに向かうことを提言し、ＡＰＥＣ首脳は、それを受け入れたのである。同年首脳会議にさいしてのＡＢＡＣとの対話で、安倍首相は、「重層的な取組みの一環として、ＦＴＡＡＰについての検討を行うことは有意義ではないか」と発言している。その後、ＡＢＡＣは、ＦＴＡＡＰの核となるＲＴＡ／ＦＴＡとしてＴＰＰを例示するなどしながら、ＡＰＥＣにたいしてＦＴＡＡＰ構築を求め続けた。10年のＡＰＥＣ首脳宣言で、「ＦＴＡＡＰは、中でもＡＳＥＡＮ＋3、ＡＳＥＡＮ＋6及び環太平洋パートナーシップ（ＴＰＰ）協定といった、現在進行している地域的な取組を基礎として更に発展させることにより、包括的な自由貿易協定として追求されるべき」と述べられることとなった。

APECにおいても、まずFTAAP構想があり、これを実現するための核としてTPPが選ばれたのである。

(4)APEC共同体とアジア太平洋の市場原理主義的市場化

10年のAPEC首脳宣言では、「我々が描くAPEC共同体の構想への道筋」のなかで、「アジア太平洋自由貿易圏(FTAAP)の実現に向けて具体的な手段をとる」と述べられた。「物品、サービス及び資本の移動に対する障壁は、更に削減されるべき」とも言われる。「資本の移動」が含まれていることに注目したい。次のようにも言われる。「規制関連の協力は、拡大し深化すべきである」、「構造改革は、より質の高い成長に向けた我々の取組の不可分の一部をなす」。つまり、FTAAP構築により目指されているのは、たんなる自由貿易協定ではなく、参加国・地域の構造改革が不可分なものであり、規制関連の協力をつうじたアジア太平洋にまたがる広大な市場原理主義的市場が目指されているのである。

TPPは秘密交渉と言われるが、そこを通過点として、FTAAPを通じて至るAPEC共同体という完成形態の方は、公然と議論されている。11年首脳宣言では「アジア太平洋共同体」が言われるが、同年の宣言を付属文書と合わせ読めば、目指されるものが、規制の収斂《しゅうれん》をつうじて多国籍企業の柔軟な最適地事業展開を可能とする広大な市場であることが鮮明化する（注11）。15年首脳宣言では、「二〇二〇年までの自由で開かれた貿易・投資というボゴール目標の達成及びアジア太平洋自由貿易圏（ＦＴＡＡＰ）の最終的な実現という我々のコミットメントを再確認する」と言われている。

3　投資立国とインフラ輸出

（1）インフラ輸出と経団連

経団連は、「平岩ビジョン」（91年）において、「国際的貢献」の名のもとに、政府に対して途上国でのインフラ整備などに尽力することを求めていた。「豊田ビジョン」（96年）では、「ハード・ソフト両面にわたって途上国の発展基盤の整備を支援するような、総合的な経済協力政策を推進すべき」として、包括的な産業基盤整備を求めている。「奥田ビジョン」（03年）でも、「東アジア自由経済圏の形成に向けて、ハードのインフラ整備の支援に加え、法制度の整備、金融・資本市場の育成、裾野産業の強化、キャパシティ・ビルディングなどにＯＤＡを活用していくべきである」とされた。「御手洗ビジョン」（07年）では、「日本は、これまで、ソフトとハード双方を含む経済社会インフラ、貿易・投資環境の整備などに協力し、これを梃子として、企業による貿易・投資活動の促進、現地における民間経済活動の活発化を図ってきた」として、ソフト・ハード双方のインフラ整備が多国籍企業の貿易・投資と現地における活動の梃子であることがあけすけに言われた。

「榊原ビジョン」（15年）では、ＴＰＰなど地域経済統合とインフラ輸出と多国籍企業による最適地事業展開の関連が明確に示される。地域経済統合については、「二〇二〇年までにＴＰＰ、ＲＣＥＰを核とするＦＴＡＡＰを構築すべきである」と言われる。さらに「地域経済統合は、日本を拠点とするグローバルなサプライチェーンのネットワーク構築を促進し、企業の海外事業活動の円滑化に貢献する。このネットワークをさらに強固なものとするために、日本のインフラ システムの海外展開を通じて、新興国の道路、鉄道、港湾、空港等のヒト・モノの円滑な移動を実現する交通・物流に関するハード インフラの整備に協力していくことが不可欠である」と言われる。要するに、ＴＰＰなど地域経済統合とインフラ・システムの海外展開は、多国籍企業による最適地事業展開を容易にするのである。

インフラ・システムの海外展開については、ハード・インフラに加えて、「国境を越える交通・物流の関係法制度や輸出入・港湾手続き等のソフト インフラ整備」、「人材育成での協力」、「基幹産業を支える安価で安定した電力や水の供給」、「裾野産業や産業クラスターを形成する中小企業のための工業団地等の基幹インフラ」も言われる。多国籍企業にとっては至れり尽くせりである。インフラ・システムの展開先は、アジア地域、中東地域、中南米地域、アフリカ主要諸国と広範に示される。経団連は、多国籍企業の意志を体現し、進出先ないし進出予定先でのハードとソフト両面にわたる産業基盤整備を求めているのである。

(2) インフラ輸出と日本政府

こうした経団連の意向を受け止めるかたちで、第二次安倍内閣は、発足直後、「日本経済再生に向けた緊急経済対策」を閣議決定した(13年1月)。同「対策」では、「『貿易立国』と『産業投資立国』の双発型エンジンが互いに相乗効果を発揮する『ハイブリッド経済立国』を目指す」と言われた。「投資立国」の前提は、投資先での産業基盤整備である(注12)。「日本再興戦略」(13年版、14年版、15年版)では、トップセールスでのインフラ輸出にかかわって経協インフラ戦略会議「インフラシステム輸出戦略」への言及がなされ、肝心なことは、そちらで言われる。同「輸出戦略」(13年版、14年版、15年版)では、「日本企業の進出先国において、物流や電力などの経済インフラの開発を進展させることは、日本企業の進出拠点整備やサプライチェーン強化につながり、現地の販売市場の獲得にも結びつく」、「ターゲットとなる国や地域の発展段階、日本企業の進出度合いや受注可能性等に応じて、メリハリをつけて戦略的にプロジェクトを推進する」と言われる。インフラ輸出と多国籍企業の事業展開とは一体である。

4 安保法制と経団連

経団連は、「奥田ビジョン」（03年）の発表後、このビジョンを前提とした見解を「わが国の基本問題を考える〜これからの日本を展望して〜」（05年）としてまとめ、安全保障や憲法について述べている。そこでは、「わが国を取り巻く現状と問題認識」として、まず、「国民や企業を脅かす危機」が取りあげられ、冷戦は終焉《しゅうえん》したものの、「宗教・民族に起因する紛争・内戦の頻発、ミサイル・大量破壊兵器の拡散など、脅威の内容は複雑で予測困難なものへと変化している。とりわけ、九・一一に代表される非国家主体によるテロは、世界の平和に対する大きな脅威となっている」、「東アジア地域においては、朝鮮半島や台湾海峡など、未だ、冷戦期の対立関係が残っており、国家間の紛争の危機は去っていない」、「グローバルな活動を進めるわが国企業や国民にとって、これらの脅威は他人事ではなく、自らに対する直接の脅威である」と言われる。なるほど、アジア太平洋の広大な地域で最適地事業展開を進める多国籍企業にとって、それらの脅威は他人事ではなかろう。経団連は、「日米安全保障体制を維持・強化させていくべき」と述べつつ、「総合的な安全保障体制の確立」を求めている。「今後、特に重点的に対応すべき自衛隊の任務として、テロやミサイルなどの新たな脅威や国際活動への対応がある」と言われる。

経団連の見解は、さらに憲法問題に進み、「憲法上、まず、自衛権を行使するための組織として自衛隊の保持を明確にし、自衛隊がわが国の主権、平和、独立を守る任務・役割を果すとともに、国際社会と協調して国際平和に寄与する活動に貢献・協力できる旨を明示すべきである」、「集団的自衛権に関しては、わが国の国益や国際平和の安定のために行使できる旨を、憲法上明らかにすべきである」と言われ、憲法「改正」が求められる。では、憲法のどこを「改正」するのか。「最も求められる改正は、現実との乖離《かいり》が大きい第九条第二項（戦力の不保持）ならびに、今後の適切な改正のために必要な第九六条（憲法改正要件）の二点」とされる。

こうして、憲法「改正」が求められるのみならず、「緊急事態への対処や自衛隊の国際活動の拡大、集団的自衛権の行使などは、昨今の国際情勢の変化を踏まえれば、一刻を争う課題である」、「憲法改正を待つことなく、早急に手当てすべきである」とされる。「自衛隊の海外派遣の活動内容・範囲について、基本方針を明確にし、場当たり的な特別措置法ではなく、一般法を早急に整備すべきである」とも言われる。

これを受けたかたちで、安倍首相は、第一次安倍内閣発足直後の所信表明演説（06年9月）で、「大量破壊兵器やミサイルの拡散、テロとの闘いといった国際情勢の変化や、武器技術の進歩、我が国の国際貢献に対する期待の高まりなどを踏まえ、日米同盟がより効果的に機能し、平和が維持されるようにするため、いかなる場合が憲法で禁止されている集団的自衛権の行使に該当するのか、個別具体的な例に即し、よく研究してまいります」と述べ、首相決裁（07年4月）で「安全保障の法的基盤の再構築に関する懇談会」（安保法制懇）を発足させた。

第二次安倍内閣が発足するや、安倍首相は、改めて安保法制懇を首相決裁で開催し（13年2月）、報告書の提出を受けた（14年5月）。提出を受けた安倍首相は、記者会見で、「憲法解釈の変更が必要と判断されれば、この点を含めて改正すべき法制の基本的方向を、国民の命と暮らしを守るため、閣議決定してまいります」、「準備ができ次第、必要な法案を国会にお諮《はか》りしたいと思います」と述べた。安保法制整備についての閣議決定（14年7月）と安保法制成立の強行は、この延長線上にある。安保法制にあっても、安倍政権は、経団連の意向を貫徹させたのである。

おわりに

MADE〝BY〟JAPANを掲げた「奥田ビジョン」（03年）では「東アジア自由経済圏」が言われていた。経団連は、WTO交渉が停滞するなかでFTAAPへと軸足を移した。「奥田ビジョン」の「東アジア自由経済圏」を「アジア太平洋自由貿易圏（FTAAP）」と読み替えれば、「奥田ビジョン」で言われていることは、APEC首脳宣言（10年、11年）で言われたことと符合する。言われるのは、アジア太平洋の広大な地域で規制を収斂させ貿易・投資障壁を削減したシームレスな市場の構築である。多国籍企業が、その時々の各国各地のインフラ整備状況、産業集積、技術水準、技能水準、物流コスト、市場規模、人件費、為替レート等に応じて柔軟な最適地事業展開をすることになれば、各国各地の地域経済は多国籍企業の進出と撤退で攪乱《かくらん》され、労働者はジャスト・イン・タイムで使い捨てられる。

多国籍企業による最適地事業展開を、国境を越えた市場制度整備で円滑化するものがTPP・FTAAPなどの地域経済統合であり、産業基盤整備で支えるものがインフラ・システム海外展開であり、アジア太平洋地域で、さらにはより広大な地域で最適地事業展開をする多国籍企業を自衛隊の活動範囲拡大により守ろうとするものが安保法制である。いずれも経団連が求めてきたものであり、この経団連の意向を安倍政権は貫徹させている。多国籍企業と国民多数との矛盾が強まり、生活破壊を許さない国民多数のエネルギーが顕在化せざるを得ない。

（注１）本章は、別稿（「経団連戦略にみるＴＰＰ、インフラ輸出と安保法制」『経済』第２４６号、２０１６年）に加筆し、改題したものである。
（注２）経団連「一九九〇年代の日本経済の展望と課題―『調和ある市場経済』の確立を目指して―」。
（注３）詳細は、拙稿「『第三の開国』（ＴＰＰ）と『痛みを伴う改革』――財界意向の貫徹過程――」、『商学集志』第八三巻第四号、日本大学商学部、２０１４年（「第三の開国　痛み」と検索）。
（注４）豊田章一郎『「魅力ある日本」の創造』、東洋経済新報社、１９９６年。本書は、豊田氏の著書の形式をとっているが、経団連「魅力ある日本――創造への責任――」の全文である。
（注５）経団連「活力と魅力溢れる日本をめざして―日本経済団体連合会新ビジョン―」。
（注６）経団連「希望の国、日本」。
（注７）経団連「『豊かで活力ある日本』の再生―Innovation & Globalization ―」。
（注８）経団連の政策提言文書は、経団連のホームページ（以下、ＨＰと略）内「政策提言／調査報告」。
（注９）ＡＢＡＣについては、ＡＢＡＣ日本支援協議会のＨＰ（http://www.keidanren.or.jp/abac/）。
（注10）ＡＰＥＣ文書については、外務省ＨＰ「ＡＰＥＣ（アジア太平洋経済協力、Asia Pacific Economic Cooperation）」（http://www.mofa.go.jp/mofaj/gaiko/apec/）。引用は仮訳によるが、一部筆者訳出。
（注11）注３に同じ。
（注12）政府による「投資立国」が第一次安倍政権、さらには小泉政権まで遡《さかのぼ》る次第は、拙稿「『トリクルダウン』と『投資立国』」、『労働総研ニュース』№２９５、２０１４年（「トリクルダウン　投資立国」と検索）。

第４章　命運尽きる異次元金融緩和政策

建部正義

1 「マイナス金利付き金融緩和」の導入

日本銀行は、2016年1月29日の政策委員会・金融政策決定会合において、「マイナス金利付き量的・質的金融緩和」の導入を決定した。従来の「量」・「質」という側面に、新たに「金利」という側面を合わせて、今後は、三つの次元での緩和手段を駆使しつつ、より強力な金融緩和政策を推進して行こうというわけである。

ここで、「マイナス金利付き金融緩和」とは、金融機関が日本銀行に保有する当座預金のうちの指定された残高（「基礎残高」プラス「マクロ加算残高」）を上回る部分（「政策金利残高」）にたいして、マイナス0・1％の金利を適用することにより、短期市場金利（その代表が金融機関相互間の短期資金貸借の場であるコール市場における金利）をゼロ以下に低下させ、それを起点としながら、イールドカーブ（短期から長期にかけての金利曲線）全体に強い下押し圧力を加えようとする政策を指す。

3月7日の読売国際経済懇話会における黒田東彦総裁の講演「『マイナス金利付き量的・質的金融緩和』への疑問に答える」によれば、今回の政策の導入の背景は、次のとおりである。

年明け以降、原油価格の一段の下落に加え、中国をはじめとする新興国・資源国経済の先行き不透明感などから、金融市場は世界的に不安定な動きとなっている。原油価格は30ドル程度まで下落している。これは、資源国といわれるロシア・ブラジル・中東諸国などの経済に悪影響をもたらし、世界経済の不透明要因となっている。

中国の株価が昨年夏に続いて再び大きく下落している。中国株価の下落には、もともとバブルの調整という面があったことに加え、人民元《げん》の動きも影響している。人民元については、先《さき》安観《やすかん》がある中で投機的な人民元売りが起きており、外貨準備が減少している。この結果、株価は世界的に下落し、市場は悲観的、いわゆるリスクオフになっている。また、為替市場では、資金が安全通貨とされる円に向かい、円高方向の動きが強まった。

このように市場の変動は大きくなっているが、日本経済のファンダメンタルズは良好である。日本経済は緩やかに成長し、物価は２％に向けて上昇していくと考えられる。このシナリオは、揺らいでいない。ただ、「最高益の割には企業が設備や人材投資にいまひとつ積極的になりきれていない」という現実がある。そこへきて、この世界的な金融市場の動揺なので、この結果、企業マインドが萎縮し、せっかく進んできた人々のデフレマインドの転換が遅れてしまうリスクがある。実際、企業などの物価観はここへきて下振れている。今回、「マイナス金利付き量的・質的金融緩和」を導入したのは、こうしたリスクの顕在化を未然に防ぎ、２％の目標に向けたモメンタムを維持するためには、必要な措置だ、と判断したためである。

さらに、黒田総裁は、同講演のなかで、今回の政策の効果について、次のように指摘する。「量的・質的金融緩和」では、第1に、2％の「物価安定の目標」を早期に実現するという強く明確なコミットメントと、それを裏打ちする大規模な金融緩和により、人々の予想物価上昇率を引き上げる。第2に、大規模な長期国債の買入れにより、イールドカーブ全般（とりわけ長期のそれ）に強い下押し圧力を加える。この2つの結果、〔名目金利から予想物価上昇率を差し引いた〕実質金利が低下する。実質金利の低下は、企業向け貸出や住宅ローン金利の低下などを通じて、設備投資や住宅投資を活発にする。また、金融市場では、株高や円安方向の動きが生じ、企業収益を押し上げ、雇用や賃金の改善をもたらす。経済が活発になれば、マクロ的な需給関係を示す需給ギャップが改善し、予想物価上昇率の上昇と相まって、物価を引き上げる。

「マイナス金利付き量的・質的金融緩和」は、このルートをさらに強力に追求していく枠組みである。今回のマイナス金利で短期の金利を引き下げ、また、〔従来からの〕大規模な長期国債の買入れで、長期金利を引き下げ、両者相まって、金利全般に強い下押し圧力を加える。「両者相まって」というのは、この2つは独立して実施した場合より、組み合わせて実施したほうが強い効果を発揮する。通常、短期金利を引き下げた場合、短期金利の低下幅ほどには長期金利は低下しないはずであるが、今回のマイナス金利の導入によって、イールドカーブは幅広いゾーンで短期金利の引き下げ幅である０・２％〔日本銀行は、金融機関保有当座預金残高のうちの、準備預金制度に関する法律が定める必要準備部分を超える、いわゆる超過準備部分にたいして、この間、プラス０・１％の金利を付与してきた〕程度あるいはそれを上回る低下となっている。

以上が、黒田総裁による、「マイナス金利付き量的・質的金融緩和」の導入の背景とその効果波及経路についての説明である。

それにつけても、何と欲張った政策であろうか。第1に、次元については、「量」・「質」・「金利」の３つに係る金融緩和であり、第2に、「金利」については、短期金利も長期金利も含む金融緩和であり、第3に、効果波及経路については、設備投資や住宅投資、それに、株高や円安に及ぶ金融緩和であるというわけである。黒田総裁が、2月3日のきさらぎ会における講演「『マイナス金利付き量的・質的金融緩和』の導入」において、「『マイナス金利付き量的・質的金融緩和』は、これまでの中央銀行の歴史の中で、おそらく最も強力な枠組みです」、と論定するゆえんである。

はたして、「マイナス金利付き量的・質的金融緩和」は、それほどミラクルな能力を備えた政策であるとみなしうるのであろうか。否、金融の世界にそもそもミラクルじたいが存在するのであろうか。
以下、これらの問題に検討を加えることにしたい。

2 「マイナス金利付き金融緩和」の含意

今回の「マイナス金利付き金融緩和」の特徴のひとつは、国民にとってのその分かりにくさという側面に求められる。この点は、2013年4月の「量的・質的金融緩和」の導入にあたり、キャッチフレーズの一環として、「わかりやすい金融政策」が標榜されていたこととはまさに様変わりである。

そこで、「マイナス金利付き量的・質的金融緩和」の含意を整理することから始めることにしよう。

第1に、今回の政策は、「量」・「質」・「金利」という3つの次元のうちの「金利」にだけ変更を加えようとするものであって、その意味で、金利政策の範囲内に限られたものであること。じっさい、「量」的金融市場調節方針――マネタリーベース（基本的に、金融機関保有日銀当座預金残高に日銀券発行高を加えた金額）が、年間約80兆円に相当するペースで増加するよう金融調節を行う――にかんしても、「質」的資産（リスク性資産）買入れ方針――①長期国債について、保有残高が年間約80兆円に相当するペースで増加するよう買入れを行う、買入れの平均残存期間は7年～12年程度とする、②ＥＴＦ（指数連動型株式上場投資信託）およびＪ－ＲＥＩＴ（不動産投資信託）について、保有残高が、それぞれ年間約3兆円、年間約９００億円に相当するペースで増加するよう買入れを行う、③ＣＰ（コマーシャルペーパー）等、社債等について、それぞれ約２・２兆円、約３・２兆円の残高を維持する――にかんしても、何らの変更も加えられていない。

第2に、したがって、「金利」への働きかけといっても、直接的には、短期金利にたいするそれであって、長期金利にたいするそれではないこと。既存の「量的・質的金融緩和」により、長期金利はすでに十分に低下している。そこに、今回の「マイナス金利付き金融緩和」を追加することによって、短期市場金利をゼロ以下に誘導し、それを起点としながら、長期金利を含むイールドカーブ全体に一層の下押し圧力を加えようというのがその意図である。

なお、「マイナス金利付き金融緩和」により、短期市場金利がゼロ以下になるメカニズムは、いくぶん技術的な説明になるが、以下のとおりである。

日本銀行は、補完預金準備制度という名称のもとに、金融機関が保有する当座預金残高のうちの、準備預金制度に関する法律が定める必要準備部分を超える、いわゆる超過準備部分にたいして、この間、プラス０・１％の金利を付与してきた。この仕組みのなかでは、金融機関相互間の短期資金貸借の場であると同時に、短期金融市場の代表の場でもあるコール市場では、金利は、プラス０・１％以下には下がりようがない。というのは、資金の出し手側の金融機関にとっては、コール市場でプラス０・１％以下の金利しか稼げないのであれば、日本銀行に超過準備として積むことにより、プラス０・１％の金利を稼ぐほうが有利になるからである。ところが、「マイナス金利付き金融緩和」の導入によって、金融機関には、指定された残高を上回る当座預金部分にたいして、マイナス０・１％の金利が適用されることになった。そうなると、当該金融機関は、この残高にかんするかぎり、マイナス０・１％よりも損失の幅が小さければ、ゼロ以下の金利でも資金を放出するであろう。

問題は、この資金にたいする取り手側の金融機関が存在するか否かである。そこで、日本銀行が公表した「日本銀行当座預金のマイナス金利適用スキーム」の「基礎残高」の箇所を読み直してみると、次のような記述が見出される。すなわち、「『量的・質的金融緩和』のもとで各金融機関が積み上げた既往の残高〔基礎残高〕については、従来の扱いを維持する。具体的には、各金融機関の日本銀行当座預金残高のうち、２０１５年1月〜12月積み期間〔基準期間〕における平均残高までの部分を、既往の残高に対応する部分として、プラス０・１％を適用する」、と。つまり、取引時点で、基礎残高に満たない資金ポジションにある金融機関にとっては、余裕枠を埋め切るまでは、資金を借り入れるだけの強い動機が生まれるにちがいないというわけである（出し手側金融機関からと日本銀行からの金利の二重の受け取り）。

もって、「マイナス金利付き金融緩和」とは、いかに歪んだ政策であるかを推し測ることができるであろう。これで、短期金融市場が正常に機能しているといえるのであろうか（日本銀行によって囲われた池の中の取引）。

第3に、マイナス金利というのは、さしあたり、金融政策およびそれに関連した金融市場の世界の話であって、これにより、ただちに、金融機関からの企業や家計への貸出金利や、企業や家計からの金融機関への預金金利が、マイナスになるという意味ではないこと（もっとも、預金金利がプラスであったとしても、家計の小口預金にたいして口座維持手数料が課されることにより、家計にとって預金金利が実質的にマイナスになることは十分にありうる）。もし、預金金利が名目的にマイナスということになれば、家計は、「タンス預金」――盗難の危険をともなうが――にするべく、争って預金を解約して日本銀行券を引き出そうとするから、金融機関にたいする一種の取り付け騒ぎが起きることになり、金融システムは大混乱に陥らざるをえなくなるであろう。

ちなみに、黒田総裁によれば、「量的・質的金融緩和」は、所期の効果を発揮しており、必要になれば、資産の買入れをさらに拡大することも十分に可能だとの由である。それでは、なぜ、この時点で、「量的・質的金融緩和」の追加的拡大策ではなく、ジャーナリズムが「奇策」とも「異形」とも称する、「マイナス金利付き金融緩和」の導入策が選択されたのであろうか。おそらく、その理由は、前者に比べた後者の市場に与えるサプライズの大きさという要因に求められるであろう（一種の「レジーム・チェンジ」）。２０１３年４月の「量的・質的金融緩和」の導入、２０１４年10月の「量的・質的金融緩和」の拡大策の導入、それに続く「量的・質的金融緩和」の追加的拡大策の導入ということになれば、「量的・質的金融緩和」もすでに３度目であり、さすがにインパクトも薄れる。

それから、もうひとつ。より根本的には、黒田総裁の言明にもかかわらず、日本銀行による長期国債の買入れが限界を迎えつつあるという現実が潜んでいる。この点は多くのエコノミストが指摘するところであるが、ここでは、２月25日の鹿児島県金融経済懇談会における木内登英《きうちたかひで》日本銀行審議委員による挨拶要旨「わが国の経済・物価情勢と金融政策」のなかの、次の発言を紹介するにとどめたい。

すなわち、「『量的・質的金融緩和』のもとで、日本銀行による国債保有比率は上昇を続けており、２０１５年９月末時点で国債発行残高の約３割を保有するまでに至っています。一方、国内金融機関は、担保需要、ＡＬＭ（資産・負債の総合管理）、金融規制対応などの目的で、一定の国債を保有する必要があります。このため、日本銀行が発行済みの国債を全て保有することはできません。中央銀行の国債保有割合をみると、２０１６年中に、日本銀行は、イングランド銀行の〔第二次世界大戦後の〕ピーク時を超えて、主要国の中では未踏の領域に入ります。また、日本では、短期売買目的で国債を保有する傾向の強い海外の国債保有比率が低い一方、満期保有目的で国債を保有する傾向が強い生保や年金の国債保有比率が高い点を踏まえると、国債買入れの潜在的な困難度合いは、他国よりも高いと考えられます」、と。

じっさい、２０１６年度政府当初予算案における新規財源債（建設国債および赤字国債）の発行予定額が約37兆円であるのにたいして、「量的・質的金融緩和」の拡大策のもとで、日本銀行は、同年度中に、保有残高がネットで約80兆円も増加する規模で長期国債を買い入れることを公約している。単純に計算するならば、このペースが維持され続けると、毎年約40兆円に相当する長期国債が、金融機関ならびに金融機関を介して市場から吸収されることになる。

以上を要するに、今回の政策は、「量的・質的金融緩和」という幹のうえに「マイナス金利付き金融緩和」という枝を接ぎ木したものとみなすことができるであろう。それだけに、両者のあいだの整合性が問題とならざるをえない。一方で、マイナス金利を嫌って、金融機関が日本銀行への長期国債の売却を控えるならば、量的・質的目標が達成されないことになるし、他方で、金融機関が日本銀行への長期国債の売却を決めるとすれば、それは、マイナス金利を相殺するような価格でしか実行されえないであろう。日本銀行からの長期国債買入れのオファーにあたって、それに応じるか否か、どのような条件で応じるかの主導権は、じつは、金融機関が握っているのである。

ところで、「マイナス金利付き金融緩和」の効果波及経路として想定されていた主要なルートは、マイナス金利の導入→短期市場金利のゼロ以下への誘導→イールドカーブ全体にたいする下押し圧力→名目金利から予想物価上昇率を差し引いた実質金利の低下→設備投資や住宅投資の増加、というものであった。マイナス金利が設備投資の増加に繋がるという論点についても、多くのエコノミストは否定的な判断をくだしているが、ここでも、2月18日の福岡市における石田浩二審議委員による記者会見のなかの、次の発言を紹介するにとどめたい。

すなわち、「イールドカーブを更に引き下げても、経済に対する刺激効果は限定的ではないか」、「民間の金利はこれまでにも大きく下がっていますが、必ずしも設備投資の増加に繋がっているとも思えない部分があります」、と。

じっさい、実質賃金が4年連続でマイナスを記録（厚生労働省「毎月勤労統計調査」）するもとでは、GDP（国民総生産）の約6割を占める個人消費は盛り上がりようがないのであるから、設備投資も盛り上がりに欠けるものとならざるをえない。また、住宅ローンについては、借り換え需要は旺盛であるが、新規需要は盛り上がりに欠けている。

ちなみに、1月29日の政策委員会・金融政策決定会合の席上、木内委員は、「マイナス金利の導入は長期国債買入れの安定性を低下させることから危機時の対応策としてのみ妥当である」、という理由で、また、石田委員は「これ以上のイールドカーブの低下が実体経済に大きな効果をもたらすとは判断されない」、という理由で、マイナス金利政策の導入に反対した。

ついでながら、巷間《こうかん》では、「マイナス金利付き金融緩和」の効果波及経路として、以下のようなルートを想定することが、一般的である。すなわち、マイナス金利下では、対象となる当座預金残高を日本銀行に積み立てておいても損失が発生するだけだから、金融機関は、その残高を企業や家計に積極的に貸し出すにいたる、と。

しかし、この推論は、陥りがちな誤った見解である。企業や家計は、政府や金融機関と異なり、日本銀行に預金口座を持てないから、金融機関は、かれらへの貸出にあたって、日銀当座預金残高を企業や家計の口座に振り替えることができない。また、金融機関が、日銀当座預金残高を日銀券で引き出し、それを裸のまま、企業や家計に貸し出すとする考え方も事実に反する。今日では、金融機関が貸出を行うにあたっては、企業や家計が自行に有する口座に預金を増額記帳するというかたちでそれを実施する。これが、いわゆる銀行の信用創造活動と呼ばれる当の内容にほかならない。「マイナス金利付き金融緩和」は、その際に適用される貸出金利を低下させる効果を及ぼしうるにすぎない。

3 「マイナス金利付き金融緩和」の真の狙い

そうなると、「マイナス金利付き量的・質的金融緩和」の真の狙いは、実質金利の低下→設備投資の増加、というルートではなく、名目金利の低下→円安・株高への誘導、というルートにあったということになるであろう。つまり、実体経済への働きかけというルートではなく、金融市場への働きかけというルートにほかならない。折しも、我が国では、原油価格の下落、新興国・資源国経済の減速、中国経済の先行き不透明感、ＦＲＢ（米連邦準備制度理事会）による政策金利の引き上げ、金融市場の世界的な動揺などの影響を受けて、年初来、円高・株安の洗礼に見舞われ、アベノミクスの行き詰まりがうわさされていた。そうしたなかでの「マイナス金利付き金融緩和」の導入である。日米の金利差をつうじた円安への誘導は、輸出企業の収益拡大をつうじて株高にも結びつく。しかも、黒田総裁の思惑によれば、企業収益の押し上げは、雇用や賃金の改善をもたらす。そして、経済が活発になると、マクロ的な需給関係を示す需給ギャップが改善し、予想物価上昇率の上昇と相まって物価を引き上げることにつながるであろう、と。

問題をこのように整理するならば、「マイナス金利付き金融緩和」は、円安・株高という共通のルートを介しつつ、アベノミクスへのテコ入れと「量的・質的金融緩和」が掲げる２％の「物価安定の目標」とを同時に実現しようとする、いわば一石で二鳥を落とそうとする政策であったと位置づけることができるであろう。

しかし、この側面についても、成果ははかばかしくない。「マイナス金利付き金融緩和」の導入の直後こそは円安・株高が進展したが、本稿の執筆の時点では、むしろ、導入前に比べて円高・株安の状況が続いているというのが現実である。今後とも、為替・株式相場は一進一退を繰り返すであろうが、内外の情勢から判断して、日本経済にとり、円安・株高が一直線に進む局面はどうやら過去のものとなったと考えてよさそうである。

それでは、肝心の２％の「物価安定の目標」の実現はどうなっているのであろうか。周知のとおり、この課題についても、先行きは明るくない。日本銀行は、「マイナス金利付き量的・質的金融緩和」の導入の発表と同時に、「経済・物価情勢の展望（２０１６年１月）」を公表したが、そこでは、「消費者物価の前年比が、『物価安定の目標』である２％程度に達する時期は、２０１７年度前半頃になると予想される」、と誌《しる》されている。これは、２０１４年10月の展望レポートの「２０１５年度を中心とする期間」を基準として、２０１５年４月のそれの「２０１６年度前半頃」、２０１５年10月のそれの「２０１６年度後半頃」からのさらなる先送りである。これでは、達成時期は逃げ水のように遠のくばかりであると非難されてもしかたのないところであろう。くわえて、黒田総裁は、1月29日の記者会見のなかで、今回の展望レポートをめぐり、佐藤健裕審議委員及び木内委員から、消費者物価が見通し期間中（2015年度から2017年度まで）に2％程度には達しないことを前提とする記述案が提出され、これが否決された旨を公表した。さらに、3月10日付の『日本経済新聞』は、「実質金利押し下げのために重要なのは人々の予想物価上昇率引き上げ。問題は『マイナス金利政策』導入の決定後、その数値がむしろ下がっていることだ」、と指摘しつつ、以下のように報じている。

「例えば内閣府・消費動向調査での消費者の1年後物価予想。物価が『低下する』との回答比率が1月から2月にかけて0・6ポイント上がり、『上昇する』との回答比率は1・9ポイント下がっている。民間エコノミストの予測を集計したESPフォーキャスト調査も同様だ。2016年度の消費者物価上昇率見通しは2月公表分は0・51％だったのが3月公表分は0・26％だった」

みられるように、「マイナス金利付き金融緩和」は、アベノミクスへのテコ入れ策としても、2％の「物価安定の目標」の実現策としても、所期の効果を発揮するにいたっていない。もって、異次元金融緩和政策ならびにアベノミクスの同時的な破綻ぶりが、否応なく理解されたことであろう。

すでに触れたように、黒田総裁は、「『マイナス金利付き量的・質的金融緩和』は、これまでの中央銀行の歴史の中で、おそらく最も強力な枠組みです」、と豪語する。これにたいして、Ｋ・マルクスは、『ルイ・ボナパルトのブリュメール十八日』（岩波文庫版）のなかで、「ヘーゲルはどこかでのべている。すべての世界史的大事件や大人物はいわば二度あらわれるものだ、と。一度目は悲劇として、二度目は茶番として、と」、と揶揄《やゆ》する。われわれは、マルクスに倣って、「量的・質的金融緩和」という一度目の悲劇の後を受けて、いまや、「マイナス金利付き金融緩和」という二度目の茶番を目撃しつつあるのだ、と断じることが許されるであろう。

４　「マイナス金利付き金融緩和」の副作用

「マイナス金利付き量的・質的金融緩和」の導入の発表とともに、金融市場の様相が一変した。円高・株安に続いて、住宅ローンや企業向け基準貸出金利（プライムレート）の指標となる新発10年物国債の市場利回りも史上初のマイナスを記録するにいたっている。くわえて、預金金利・貯金金利の引き下げ、ＭＭＦ（公社債投資信託のことで、投資家から集められた資金は、短期国債やCP等の安全資産に投資される）の募集停止・資金返還、一時払い終身保険・個人年金保険の保険料の引き上げ・募集停止などが相次いだ。

「マイナス金利付き金融緩和」の副作用を考察するにあたっては、何よりもまず、この政策の導入によって、誰が損をし、誰が得をするのかを冷静に見極めることが重要である。さしあたり、当事者は家計、企業、金融機関、日本銀行および政府ということになる。家計についていえば、借入金利が低下する住宅ローンの利用者を除いて、預金金利・貯金金利の引き下げ、MMFの募集停止・資金返還、各種保険料の引き上げ・募集停止などにより、大多数のそれが損失を被る。もっとも、住宅ローンの利用者が利益を受けるからといって、預金者・貯金者の犠牲のうえにそれが生じるわけではなく、金融機関の犠牲のうえにそれが生じる点に留意が必要である。企業は、借入金利・社債発行金利の低下によって利益を受ける。金融機関、とりわけ、銀行の場合には、いくぶん事態が複雑である。

一方で、日本銀行に支払うべきマイナス金利相当額にかんしては、同行に売却する長期国債の価格を引き上げることによってその大部分が相殺されることになるであろう。他方で、貸出金利にたいする下押し圧力が働き、預貸金利差（いわゆる利ざや）がこれまで以上に縮小する結果、この側面では損失を被ることになる。したがって、トータルでみれば、損失を被る立場にある。日本銀行は、同様の理由によって損益には中立的なようにみえるが、現実には、保有する長期国債の受取金利の低下にともなって不利益を被る。最後に、政府が登場する。政府は、長期金利の低下（マイナスへのそれを含む）をつうじて、新発債・借換債（満期到来国債のうちの借換分）の発行金利の減少という利益を全面的に享受することになる。

もはや、事態は明白である。日本銀行を措《お》くならば、残るのは、家計と金融機関の犠牲のもとに、企業と政府（とりわけ、政府）が救済されるという構図である。つまり、両者のあいだでの所得の移転という問題にほかならない。「マイナス金利付き金融緩和」とは、じつは、このような反国民的性格を潜めた政策なのである。そして、「マイナス金利付き金融緩和」の弊害が数え上げられる場合に、この問題が最初に採り上げられるべき項目に位置することは、多言を要するまでもないであろう。

第２の副作用は、この点とも関連して、政府の財政再建への姿勢がさらに後退する恐れが高いことである。

第３の副作用は、金融政策が財政問題とますます骨がらみの状況に落ち込もうとしていることである。将来、国債利子負担の増大にたいする政府の抵抗を押し切ってまで、日本銀行が、金融政策の独立性を維持・確保することは、はたして可能なのであろうか。

第４の副作用は、これで、日本銀行による「出口」政策の追求がいっそう困難を極める局面にたちいたったことである。「出口」政策が完了を迎えるためには、マイナス金利の廃止、量

的・質的金融緩和の停止、政策金利の引き上げ、保有長期国債の金融機関への売戻しというい
ずれもハードルの高い難関を乗り越えなければならない。

　黒田総裁は、必要な場合には、今後も、「量」・「質」・「金利」の3つの次元で追加的な金融緩和措置を講じると息巻く。しかし、本稿でのこれまでの考察からあきらかなように、「マイナス金利付き金融緩和」は、効果に乏しい割に弊害が目立つ性質の政策である。また、今回、「量的・質的金融緩和」の追加的拡大策ではなく、「マイナス金利付き金融緩和」が選択された理由は、市場へのサプライズという要因を別にすれば、前者が有する限界が意識された点に求められる。以上から、われわれは、黒田総裁下の日本銀行の金融政策はいよいよ袋小路に入り込みつつある、と断じることが許されるであろう。

　さて、ここで、最初に提起した問題に立ち返るならば、読者は、いまや、「マイナス金利付き量的・質的金融緩和」はミラクルな能力を備えた政策などといったものではなく、また、金融の世界にはミラクルな能力などといったものはそもそも備えられていないのだ、ということを理解されたにちがいない。

　金融政策は経済と物価にたいする万能薬ではないのである。

　日本銀行は、少なくとも「マイナス金利付き金融緩和」をただちに撤廃するべきであろう。

第5章　重大化する「働く貧困」とアベノミクス
――「働くルール」の確立で打開へ

藤田　宏

日本の貧困が大きな社会問題となっている。「子どもの貧困」「女性の貧困」「ワーキングプア」「パラサイトシングル」「生活保護受給者の増大」「下流老人」「老後破産」など、今日の「貧困」問題がさまざまな角度から取り上げられ、マスコミをにぎわしている。

これほどまでに「貧困」問題が取り沙汰されるのは、かつてなかったことである。それは、今日の貧困が、多くの労働者・国民の日々の生活に直接影を落とすようになっているだけでなく、家族や自らの老後生活への不安をかかえるようになり、さらには、日本社会の未来にかかわる深刻な問題として受け止められていることの反映にほかならない。

ところが、アベノミクスを推進する安倍首相は、「世界で一番企業が活動しやすい国づくり」をめざす「一億総活躍社会」の実現は口にしても、「貧困」問題に手をつける気はまったくない。最賃引上げや非正規の処遇改善等を口にすることはあっても、それは、労働者派遣法の改悪に見られるような低賃金の非正規雇用を大々的に活用しようとする安倍「働き方改革」を〝スムーズ〟に推進するための方便でしかない。

1990年代後半の労働法制改悪によって、低賃金の非正規雇用が増え、いまでは労働者全体の4割を占めるようになり、「働く貧困」が重大化している。その打開は、一刻の猶予もならない課題となっている。ここでは、今日の「貧困」の現局面をどうみるかについて分析することをとおして、「貧困」を加速するアベノミクスの危険について検討し、打開の方向を考えていくことにしたい。

1 「貧困」の現局面をどうとらえるか

今日の「働く貧困」は、1990年代後半の労働法制改悪によって、一気に加速した。有期雇用の上限規制緩和、労働者派遣法改悪によって、派遣社員や契約社員をはじめとした非正規雇用が爆発的に広がった。非正規雇用労働者（以下、非正規労働者）の急増は、日本の賃金・雇用構造を大きく変容させるものとなった。その特徴は、一言でいえば、働いても働いても暮らしが楽にならない「働く貧困」の増大である。「働く貧困」については、年収200万円以下のワーキングプアを指すことが一般的である。しかし、本稿では、「働く貧困」について、年収300万円未満とした。理由は2つある。ひとつは、年収300万円は、〝結婚の壁〟（『厚生労働白書』）といわれているからである。後述するように、年収300万円未満層の労働者の多くは、結婚すると、人並みの生活ができそうもないと考え、結婚を躊躇《ちゆうちよ》している。結婚したくても、経済的理由で結婚できないというのは、今日の「貧困」のひとつの表れといえると考えたからである。

もうひとつは、年収３００万円未満層の老後の年金水準である。単身者だと生涯年収が平均３００万円（加入35年）だとしても、厚生年金の年金月額は12万円足らずである。国民年金なら（加入35年）約７万円にすぎない。この層の年金水準は、現行の生活保護費にも満たない水準である。まじめに一生懸命働いても、老後の安定した生活が保障されないのは、「貧困」の表れというしかない。

非正規雇用労働者				非正規労働者割合	
2012年		1997年		2012年	1997年
1000人	%	1000人	%	%	%
24,088	100.0	16,540	100.0	43.6	31.1
2,631	10.9	1,755	10.6	100.0	100.0
6,501	27.0	5,443	32.9	100.0	100.0
6,054	25.1	4,084	24.7	100.0	100.0
2,730	11.3	1,404	8.5	61.2	37.6
2,440	10.1	1,094	6.6	39.5	21.2
20,356	84.5	13,780	83.3	78.8	68.3
21,462	89.1	14,349	86.8	70.5	58.3
2,626	10.9	2,191	13.2	13.0	9.8
–	–	–	–	–	–

（1）「働く貧困」の広がり

「働く貧困」層は、どれほど広がっているのか。総務省「就業構造基本調査」の１９９７年調査（以下、97年調査）と直近の２０１２年調査（同、12年調査）にもとづき、その実態をみていくことにしよう。97年調査は90年代後半の労働法制改悪によって、非正規労働者が急速に拡大し始める時期の直前の調査であり、12年調査は、安倍政権発足直

表１　15 年間で正規労働者 545.5 万人減、非正規労働者は 754.8 万人増加、そのなかで非正規割合 43.6%、300 万円未満層が 55.1%に

	雇用者計				正規の職員・従業員総数			
	2012年		1997年		2012年		1997年	
	1000人	%	1000人	%	1000人	%	1000人	%
総数	55,278	100.0	53,185	100.0	31,190	100.0	36,645	100.0
年収 50万円未満	2,631	4.8	1,755	3.3	−	−	−	−
50～99万円	6,501	11.8	5,443	10.2	−	−	−	−
100～149	6,054	11.0	4,084	7.7	−	−	−	−
150～199	4,457	8.1	3,730	7.0	1,727	5.5	2,326	6.3
200～249	6,182	11.2	5,150	9.7	3,742	12.0	4,056	11.1
250万円未満	25,825	46.7	20,162	37.9	5,469	17.5	6,382	17.4
300万円未満	30,437	55.1	24,632	46.3	8,975	28.8	10,283	28.1
300～700万円未満	20,197	36.5	22,352	42.0	17,571	56.3	20,161	55.0
700万円以上	4,644	8.4	6,201	11.7	4,644	14.9	6,201	16.9

資料：総務省「就業構造基本調査」1997 年、2012 年

前の調査である（＊）。

（＊）この調査では、正規雇用労働者（以下、正規労働者）は、「一般職員又は正社員などと呼ばれている者」とされており、このなかには、「雇用期間の定めがある正規労働者」も含まれ、雇用者総数には、「役員」も含まれる。／非正規労働者の類型は、97年調査と12年調査では異なっている。／これらを勘案して両調査を対比するにあたって、次のような作業を行った。①非正規労働者については、雇用者総数から正規労働者数を差し引いて算出した。②１５０万円未満の正規労働者は、非正規労働者とみなして、正規労働者ではなく、非正規労働者としてカウントした。③雇用者総数から正規労働者を差し引いて算出した非正規労働者のなかには「役員」がふくまれることから、「年収７００万円以上層」を役員とみなして、非正規労働者から除いた。

97年から12年の15年間で、雇用者総数は２０９・３万人増加した。ところが、正規労働者は５４５・５万人減少している。その一方で、非正規労働者は、７５４・８万人も

図１　「働く貧困」と賃金水準の全体的低下

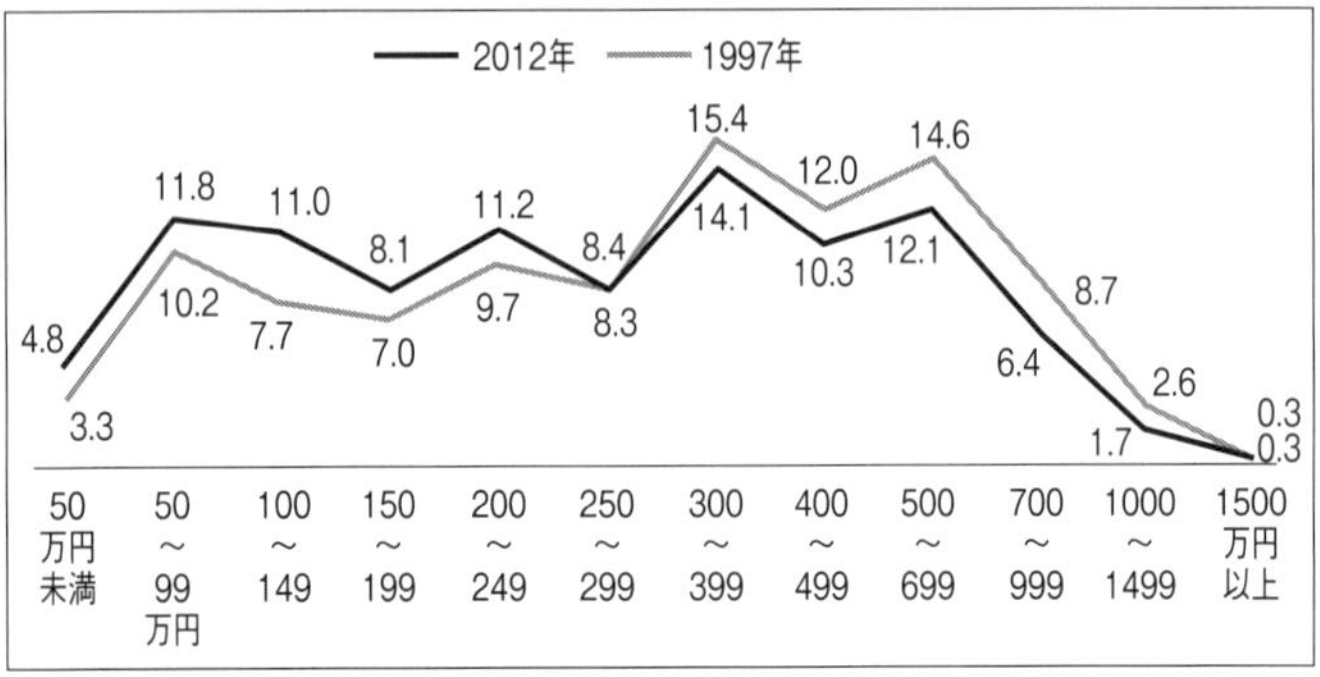

資料：総務省「就業構造調査」1997年、2012年

増加した。非正規労働者の増大と軌を一にして、３００万円未満の「働く貧困」層が急増し、２４６３・２万人から３０４３・７万人へと５８０・５万人も増えたのである。雇用者が増加した分の２・８倍近くが「働く貧困」層なのである。その結果、若年労働者だけではなく、全世代で「働く貧困」層が広がり、その割合は、12年調査では55・1％を占めるまでになった（表１）。

非正規労働者の９割近くが「働く貧困」層であるだけでなく、正規労働者の28・８％、３割近くが「働く貧困」層となっている。非正規雇用の低い賃金・劣悪な労働条件が重しとなり、正規雇用の賃金・労働条件の低下につながり、労働者全体の「貧困」化が進んでいる。

賃金構造にも顕著な変化が表れている。図１は、労働者に占める所得階級別割合について、97年調査と12年調査を比較したものである。12年調査の年収３００万円未満の「働く貧困」層はどの所得階級でも97年調査を上回っている。これにたいして、３００万円以上の所得層は、どの所得層も12年調査が97年調査を下回っている。

「貧困と格差」の増大ということがよくいわれるが、労働者の中では、「貧困」の拡大と労働者全体の賃金水準の低下の進行こそが焦点になっているのである。

（２）〝結婚の壁〟に直面する若者と日本社会

「働く貧困」は、日本社会に様々な歪みをもたらしている。ここでは、紙幅の関係もあり、〝結婚の壁〟に直面する若年労働者の「貧困」に焦点を当て、考えていくことにしたい。この問題は、労働者の現在と未来、そして日本社会全体にかかわる問題となっているからである。

年収３００万円の〝結婚の壁〟に直面し、結婚できない「働く貧困」層が若年労働者の間に増えている。厚生労働省『平成25年　厚生労働白書』によると、年収別若年男性の既婚率は、年収３００万円未満の「働く貧困」層では20歳代８・７％、30歳代９・３％と１割にも満たない。年収が３００〜４００万円では、20歳代では25・７％、30歳代では26・５％と既婚率が上がっている。年収３００万円を分岐点に既婚率が増加する傾向にある。年収３００万円は、若年男性労働者にとって〝結婚の壁〟となって立ちはだかっている（図２・次ページ）。

図2　年収別若年男性の既婚率

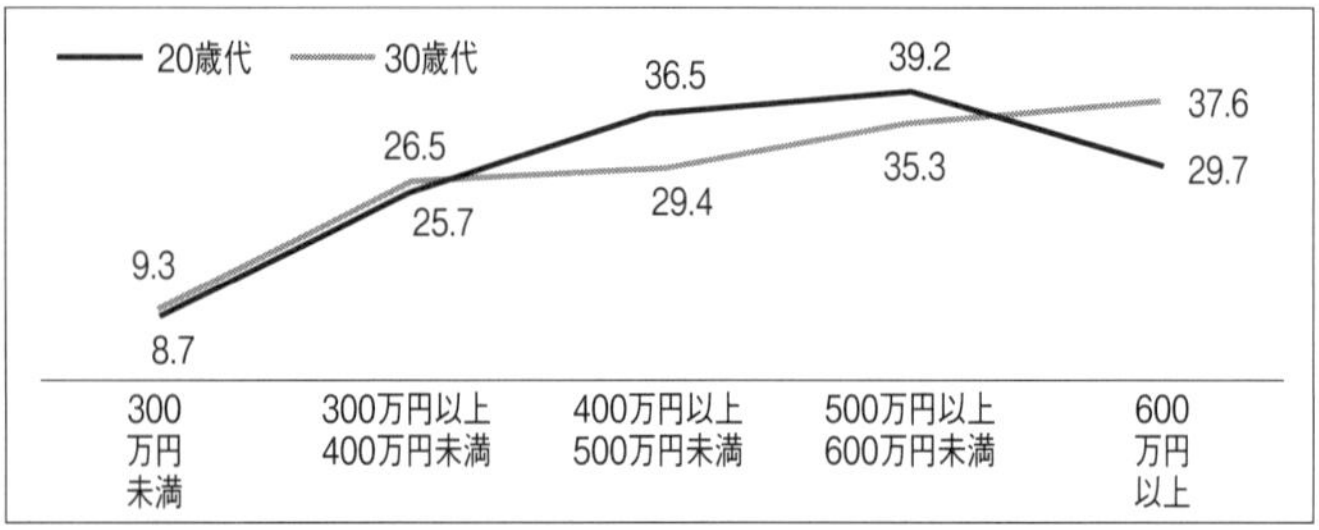

資料：厚生労働省「平成25年版　厚生労働白書」

図3　生涯未婚率の推移

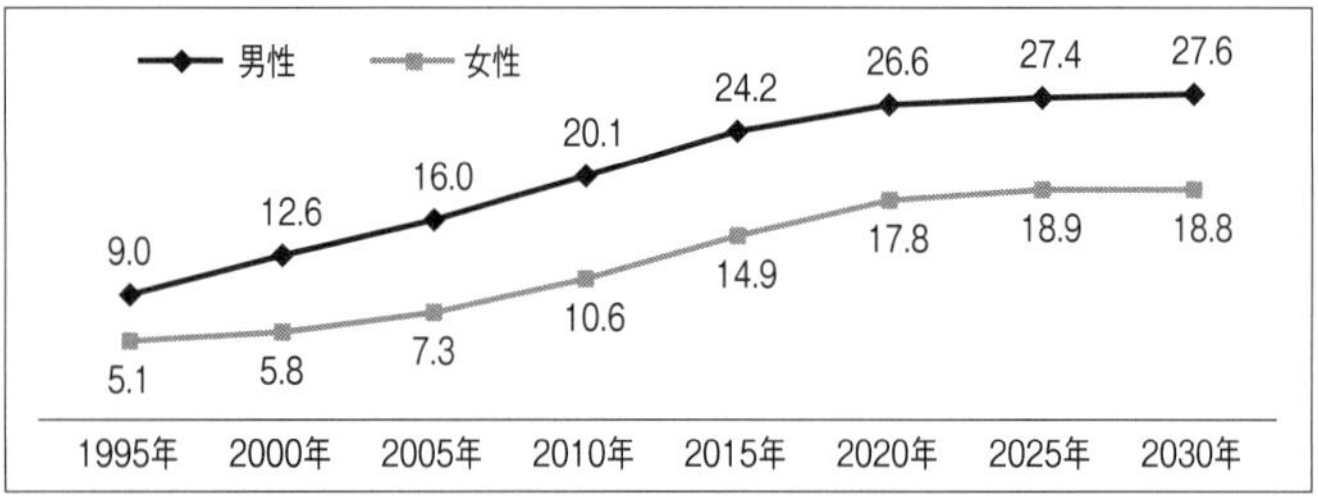

資料：国立社会保障・人口問題研究所「日本の世帯数の将来推計（全国集計）（2012年1月推計）」、「人口統計資料集（2014年版）」

97年調査と12年調査を比較すると、〝結婚の壁〟にぶつかる「働く貧困」層が大幅に増えていることがわかる。結婚適齢期といわれる、20歳代後半から30歳代前・後半にかけての若年労働者の「働く貧困層」は、97年の662・0万人から12年の923・2万人へと261・2万人も増加している。男性若年労働者に限っても、213・2万人から355・4万人へと、142・2万人増加している。そのなかで、「働く貧困」層の割合は、50・2％になっている。つまり、この年代の2人に1人が〝結婚の壁〟に直面するようになっているのである。

２０１２年に発表された国立社会保障・人口問題研究所「日本の将来推計人口（２０１２年1月推計）」は、50歳時点で一度も結婚したことのない人の割合を示す生涯未婚率（２０１０年までは集計値、15年以降は推計値）が年を追って高まっていることを明らかにしている（図３）。「就業構造基本調査」の97年と12年調査に近い95年と15年調査を比較すると、生涯未婚率は、男性が９・０％から24・２％へ、女性が５・１％から14・９％と急激に高まっている。これは20歳代後半から30歳代の〝結婚適齢期〟といわれる世代のなかで「働く貧困」層が急増したことの反映とみるのが自然だろう。

もちろん、結婚をするかしないかの選択は個人の自由と人権にかかわることだが、国立社会保障・人口問題研究所「第14回出生動向調査」（２０１０年）によれば、「いずれ結婚するつもり」と回答した若年の男性は84・８％、女性も87・７％に上っている。にもかかわらず、若年労働者が経済的理由で結婚できない事態が進行しているのである。

内閣府「結婚・家族形成に関する意識調査」では、「未婚者が結婚について不安に思うこと」の質問に対して、「経済的に十分な生活をできるかどうか」が、男性56・８％、女性54・４％になっている。30代前半男性の結婚しない理由は、非正社員では「収入が十分でなく結婚後に生活していくためのお金に不安があるから」が49・０％を占めている。

15〜34歳の雇用形態別に見た男性の有配偶率は、正規労働者が40・３％なのに対して、非正規労働者は11・1％に過ぎない。実に4倍近くの差が生まれている（2013年版『厚生労働白書』）。「働く貧困」層の増大を放置すれば、生涯未婚率はさらに高まっていくことになる。

（3）単身高齢者と「貧困リスク」の増大

結婚できない「働く貧困」層は、単身生活を営むことになる。しかし、その将来には、「貧困リスク」が待ち受けている。この層の年金受給額は、前述したように生活保護費にみあうかどうかの水準である。しかも、年収300万円未満では、老後のための貯蓄などほとんどできないか、できても安定した老後生活を営む水準にないことは想像に難くない。

厚生労働省「平成26年度被保護調査」によれば、生活保護を受給した人は月平均212万7602人に上っている。そのうち、65歳以上が43・5％を占めている。そのなかで、単身高齢者の比重は高く、単身高齢男性（15・0％）と単身高齢女性（17・3％）を合わせると、単身高齢者が全体の32・3％を占めるようになっている。なかでも、単身高齢男性の受給者が急増しているのが、ここ数年の特徴である。04年度は14万7972人だったのが、14年度31万9454人と、この10年間で2・16倍に増加している。

その最大の要因は、未婚高齢男性の増加である。生涯未婚率は、前述したように、95年には

50歳を迎えた男性の９・０％に過ぎなかった。その世代の未婚高齢男性のほとんどは、その後も単身者と推計されるが、その世代がいま、70歳代に入るなかで、生活保護受給者が急増しているのである。

２０１０年の男性生涯未婚率は、20％を超えるようになっている。生涯未婚率が９・０％だった世代の２倍にもなる。その世代が60歳代を迎える２０２５年の未婚男性高齢者の生活保護受給者は現在の比ではないだろう。生涯未婚率の増大は、男性未婚高齢者の「貧困リスク」をさらに急加速させることになる。

生涯未婚率の高まりの弊害は、それだけでない。日本社会の未来に困難をもたらすものになる。少子化である。フランスでは、「子どもなくして未来なし」「子どもなくして持続的発展なし」という理念を掲げ、手厚い子育て支援がおこなわれている。少子化は、経済社会の未来にかかわる問題であり、持続可能な経済社会をつくるうえでも、その打開が求められているのである。

結婚したくても結婚できない「働く貧困」の問題は、二重三重の弊害をもたらし日本社会全体の「貧困リスク」を加速させるものとなる。

2 「貧困」を加速する安倍「働き方改革」

安倍首相は、「一億総活躍社会」をスローガンに、2015年10月には、一億総活躍国民会議を設置し、「ニッポン一億総活躍プラン」の策定を進めている。重大なことは、この「一億総活躍社会」のもとでは、「貧困」が加速されるようになるということである。それは、このなかで進められている「働き方改革」によく示されている。

(1) 「一億総活躍社会」と「働き方改革」・「正社員改革」

安倍首相は、「一億総活躍社会」の「最も重要な課題」は、「多様な働き方が可能な社会への変革である」と述べ、「働き方改革」推進の決意を表明している。安倍首相が提唱する「ニッポン一億総活躍プラン」のなかでは、継続的な賃金・最低賃金の引き上げ、若者の雇用・経済基盤を改善するため、若者の円滑な就職支援や非正規労働者の正社員転換・待遇改善の推進、高齢者のための多様な就労機会の確保などがうたわれ、安倍首相は、老いも若きも生きいきと働けるバラ色の「生涯現役社会」の実現に向けた「改革」だと自賛している。

安倍首相は1月22日の施政方針演説の中で、非正規労働者の処遇改善のために、「同一労働同一賃金」の実現に踏み込むことを明らかにした。安倍「同一労働同一賃金」論の提起である。雇用が不安定で低賃金の派遣労働を生涯強要する労働者派遣法の改悪を強行した安倍首相がなぜ、「同一労働同一賃金」による非正規労働者の処遇改善を〝重視〟し始めたのか。

1つは、この間の自公政権による労働分野の規制緩和によって、労働者の4割を占めるようになった非正規労働者の「貧困」が社会問題となり、その打開を国民・労働者が求めるようになっているからである。非正規労働者の処遇改善にどのような形であれ（それがポーズであろうと）ふれることなしに、7月に予定されている国政選挙で自民党が勝利することができなくなっているからである。非正規労働者の処遇改善を求める運動の前進の反映である。

しかし、それだけではない。非正規労働者の処遇改善を〝金看板〟にして、安倍「働き方改革」の中心問題に据えられている「正社員改革」の本格的地ならしを進めようとしていることを見逃してはならない。

安倍「同一労働同一賃金」論の提起を受けて、厚生労働省「正社員転換・待遇改善本部」は、その6日後の1月28日には、「正社員転換・待遇改善実現プラン（案）」（以下、待遇改善プラン）を発表している。このなかでは、「非正規労働者共通の待遇改善」の柱が盛り込まれ、その第一に「同一労働同一賃金の推進策等について」が掲げられている。そこでは、「多様な働き方を広げていくに当たり、同一賃金同一労働賃金の実現は重要な課題」であると、「同一労働同一賃金」の実現は、「多様な働き方」を広げるために必要なものと位置付けられている。「多様な働き方」とは何か。これは、アベノミクスを推進する規制改革会議や産業競争力会議の「働き方改革」についての議論のなかでも、一貫して重視されてきたものである。それは、安倍「働き方改革」の中心課題、〝本丸〟と位置付けられている「正社員改革」と密接にかかわっている。そのことは、たとえば、第4回産業競争力会議（2015年3月15日）で、財界代表のひとりである長谷川閑史《やすちか》議員〈武田薬品会長〉が、提出した報告「人材力強化・雇用制度改革について」をみればよくわかる。そこでは、「正規雇用者の雇用が流動化すれば、待機失業者が減り、若年労働者の雇用も増加すると同時に、正規雇用者と非正規雇用者の格差を埋めることにもなる」と、この改革の最大の目的が「正規雇用の流動化」にあることが強調されている。つまり、「正社員改革」こそが「働き方改革」の〝本丸〟だというのである。そして、「正規雇用の流動化」を図るためには、「多様な働き方を差別なく認める」ことが必要だといい、その具体策として、「多様な労働契約（3年超の有期雇用、地域限定、職種限定、プロジェクト限定など）の自由化」が提起されている。この報告は、「多様な労働契約」によって正社員の「流動化」を図り、正社員と比べてより低賃金の限定正社員を大量に活用し、総額人件費の削減をさらにすすめようとする財界の考え方をよく示したものである。「多様な働き方」とは、限定正社員制度など「正社員改革」と一体のものとして提起されているのである。「待遇改善プラン」は、同一労働同一賃金について、そうした「多様な働き方」、「正社員改革」をすすめるために必要だと言及しているのである。

(2) 何をねらう安倍「同一労働同一賃金」論

「同一労働同一賃金」について踏み込んだ議論をいち早く開始したのは、一億総活躍国民会議である。第5回一億総活躍国民会議（2016年2月23日）では、水町勇一郎《みずまちゆういちろう》東京大学社会科学研究所教授が提出した「同一労働同一賃金の推進について」（以下、水町報告）にもとづく検討をおこなっている。このなかでは、「欧州でも、労働の質、勤続年数、キャリアコースなどの違いは同原則の例外として考慮に入れられている。このように欧州でも同一労働に対し、常に同一の賃金を支払うことが義務づけられているわけではなく、賃金制度の設計・運用において、多様な事情が考慮に入れられている。これらの点を考慮に入れれば、日本でも同一労働同一賃金原則の導入は可能」と明記されている。

水町報告では、「同一労働同一賃金原則により非正規労働者の処遇改善」を図ることが必要とされているが、その意図とは異なり、この論理でいけば、「同一労働」をしていても、「労働の質、キャリアコース」などが異なる「限定正社員」と「無限定正社員」間、あるいは「多様な働き方」をする「限定正社員」間で、その原則を適用しなくてもよく、それぞれの「多様な働き方」ごとに「同一労働同一賃金」の原則が適用されてもかまわないということになる。

その点で想起しなければならないのは、規制改革会議第2回雇用ワーキング・グループ（2013年4月）で議論された「無期雇用の多元化と企業の人材活用の課題」（佐藤博樹東京大学大学院情報学環教授〈当時〉提出資料）である。このなかでは、「目指すべき雇用社会のあり方」として、①無限定型の無期雇用〈初期キャリアで3割程度、後期キャリアで1割程度〉、②限定型の無期雇用〈中心的な雇用機会、WLB（ワークライフバランス）が実現できる働き方、カップルでフルタイム就業可能な働き方〉③限定型の有期雇用〈一時的な働き方で1割程度〉という3つの働き方で構成される雇用社会が構想されている。正規雇用の「流動化」をはかり、限定正社員を雇用の主流にしようとする意向があらわに示されており、安倍「働き方改革」の本質を分かりやすく示す文書である。

ここでは、「人事管理上のいくつかの問題」として、「無限定型のいわゆる正社員と限定型の多様な正社員の雇用区分間の処遇の均衡・均等ルールの整備（水準＋処遇の決定方法）」の必要性がうたわれている。そして、「新たな正規社員モデル」の定着化の考え方として、①企業の就業規則において、勤務地限定社員、職種限定社員等の契約類型を明確に定める。これらの社員の解雇事由には、一般の正規社員と異なり、限定された勤務地や職種等の仕事が消失した場合を解雇事由に加える。②その契約類型にもとづく採用であることを契約条件として書面にして交わすことが必要とされている。

水町報告でも、「この原則（筆者注、同一労働同一賃金）と異なる賃金制度等をとる場合、その理由・考え方（合理的理由）について、会社（使用者）側に説明させる（＝裁判における立証責任の明確化）」ことを明記すればいいとされている。そうしておけば、同一労働同一賃金の原則も「契約類型」にもとづき適用すればよいというわけである。

結局のところ、安倍「同一労働同一賃金」論は、限定正社員制度などで「正規雇用を流動化」させるツールとして活用されるところに行きつくことになる。安倍「同一労働同一賃金」論は、非正規労働者の処遇改善を口実に、安倍「働き方改革」の〝本丸〟である「正社員改革」に必要な〝ルールの整備〟をおこなおうとする狙いが込められていることを見逃してはいけない。

（3）同一賃金同一労働の原則に背く安倍「同一賃金同一労働」論

もともと、同一労働同一賃金の原則は、その歴史をみても明らかなように（終章・下山論文参照）、男女間や雇用形態別差別などをなくして、賃金の引き上げを図っていくための労働組合運動の要求原則である。同一労働同一賃金原則による非正規労働者の処遇改善といえば、非正規労働者の賃金水準を正規労働者並みにするというのが本来の考え方なのである。ところが、安倍「同一労働同一賃金」論は、抽象的に非正規労働者の処遇改善といっても、賃金水準の問題にはまったくふれようとしない。

しかし、〝隠すより現る〟ということばがあるが、アベノミクス「新・三本の矢」推進の議論のなかでは、労働者の賃金をこれまで以上に低く抑えることの重要性が強調されている。それは、1月21日に開かれた経済財政諮問会議平成28年第1回会議に提出された榊原《さかきばら》定征《さだゆき》経団連会長ら民間「有識者」議員4人連名文書「成長と分配の好循環に向けて」をみれば、よくわかる。そこでは、「働き方改革」ともかかわる「就労面での希望を実現できる社会の構築」がうたわれ、そうした施策を通じて、「600兆円経済の実現を確実なもの」とすることが提起されている。その重要な柱として、「賃金・最低賃金の引上げ、950万人の就労希望実現で

10～14兆円程度の所得増」が打ち出され、それが「多様な消費需要の顕在化」につながり、日本経済は、「成長と分配の好循環」の軌道にのるというのである。この文書の説明に立った民間「有識者」議員・高橋進日本総研理事長は、「賃金・最低賃金の引上げ、９５０万人の就労希望者の約半分が実現することになれば、10兆から14兆円の所得増につながると試算」したと述べている。

この試算は、女性、若者、高齢者の活躍促進策として、「失業者＋就業希望者」６５５万人、「就業時間増加希望者」２９５万人の半分が就労することを前提にしている。仮に、この半数の４５０万人が就労したとして、その年俸を推計すると、どうなるのか。

労働総研の試算では、最賃時給１０００円への引き上げに必要な原資は２・78兆円である。就労した人たちの年収の原資は、最大の14兆円所得増として考えると、14兆円―２・78兆円＝11・22兆円である。４５０万人が正規雇用として就労したとすると、その年俸は、約２５０万円足らずである。１人が生計を維持できるかどうか、ぎりぎりの水準である。10兆円だとすると、年収１６０万円である。

財界は、「多様な正社員」の賃金をきわめて低い水準に抑えようとしていることが、この試算からも読み取ることができる。安倍「同一労働同一賃金」論の提起も、こうした脈絡のなかで打ち出されたものである。そこには、「非正規雇用労働者の正社員転換・待遇改善の推進」

の名で、「同一労働同一賃金」の実現を図ることを〝金看板〟にして、「正社員の流動化」を実現し、低賃金の「多様な正社員」を活用しようとする「働き方改革」への地ならしをすすめようとする危険なねらいがあることをしっかり見る必要がある。それが今日の「貧困」をさらに加速するものとなることは明らかだろう。

労働者の賃金引き上げをはかるための同一労働同一賃金原則を賃金引き下げの道具として活用するなど到底許されないことである。日本で同一労働同一賃金の原則を実現していくためには、大企業の正規労働者の賃金水準を基準に、男女賃金格差、雇用形態別賃金格差の是正を図ることはもちろん、ヨーロッパと違って著しい格差のある規模間賃金格差、地域間賃金格差の是正も必要である。

そのためには、男女差別・雇用形態別差別の是正や賃金の大幅引き上げと同時に、賃金の全体的底上げを図るために、中小企業の賃金水準を大企業の水準に近付けるための取り組み、地域間賃金格差を生み出す根源になっている現行地域別最賃制度の抜本改善、全国一律最賃制の確立などを、この運動の土台に据える必要がある。

非正規労働者の処遇改善が社会問題化し、安倍首相が「同一労働同一賃金」実現を口にせざるを得ない状況になっているもとで、こうした労働組合運動の同一労働同一賃金の原則にもとづく要求を大きく前進させていくことが、労働組合運動に期待されている。

３　安倍「働き方改革」と「働くルール」

（１）「働くルール」確立の意義

労働者の労働と生活をめぐる問題が、職場の問題にとどまらず、国政上の重大な問題として浮上している。日本の労働者は、就業者の88・４％、９割近くを占め、「働く貧困」はその過半を占めるに至っている。「働く貧困」の増大が、国民的関心事になるのも当然である。安倍政権が「働き方改革」を重視するのは、低賃金・無権利の労働者を大量に活用したいという財界戦略にもとづくものであることは当然のこととして、そうした国民・労働者の関心・要求を意識してのことだろう。

安倍「働き方改革」を阻止するためには、その危険な内実を暴露し、反対の国民的世論と運動を広げるだけでは十分とは言えない。それと同時に、圧倒的多数の労働者の切実な要求にもとづいて、「働くルール」を国の法律として確立する政策を提起してたたかうことが、これまでにもまして、重要になっている。安倍「働き方改革」を阻止するだけでは、労働者の切実な要求を実現することができないからである。

それだけではない。「働くルール」の確立は、日本経済にとっても大きな意義を持つものになっている。日本経済が低迷・停滞するなかで、内需の6割を占める個人消費の拡大が必要になっている。そのためには、労働者の賃金と雇用などの処遇改善がなによりも求められており、「働くルール」の確立は、その〝特効薬〟となっているからである。大企業が内部留保をためこむだけで、賃上げにも設備投資にも回そうとしないことに、経済学者やメディアはもちろん、麻生財務相ら政府関係者も批判するようになったのも、そのためである。安倍「働き方改革」の対抗軸の土台に、「働くルール」の確立を据える必要がある。

（2）「働くルール」の当面する4つの課題

労働総研は、働くルール確立の当面する課題として、次の4つを提起している。それは、①〝サービス残業〟の根絶、②年次有給休暇の完全取得、③週休2日制の完全実施、そして、正社員を希望する非正社員の正社員化である。そのどれもが、労働者の切実な要求であると同時に、少なくとも先進資本主義国では多くの国でルール化されているものばかりである。しか

表2　賃金の引き上げおよび働くルールの確立の経済効果

	必要な原資	国内生産誘発額	付加価値誘発額	新規雇用者の増加	必要な原資が内部留保に占める割合
	（兆円）	（兆円）	（兆円）	（万人）	（%）
働くルールの確立	16.95	15.68	8.70	464.8	3.12
不払い労働根絶	10.70	9.91	5.50	300.4	1.97
年休完全取得	5.76	5.32	2.95	151.5	1.06
週休2日制完全実施	0.49	0.45	0.25	12.9	0.09
非正規の正規化	6.10	10.05	4.52	−	1.12

資料：労働総研「2016年春闘提言」

も、これらのルールを確立すれば、日本経済を健全な軌道にのせ、経済の好循環を実現することにもつながる。

労働総研は、そうした見地から働くルールの確立と日本経済のかかわりについての試算を発表している（表2）。以下、その内容を紹介することにしたい。

第1は、「働くルール」の確立による長時間労働の規制である。長時間労働を規制すれば、新たな雇用が創出され、雇用状況も改善される。

①〝**サービス残業**〟**の根絶**　〝サービス残業〟とは、要するに不払い労働であり、労働基準法違反の犯罪行為である。総務省「労働力調査」と厚生労働省「毎月勤労統計調査」から〝サービス残業〟の実態を推計すると、1人当たり年間184・8時間になる。これを根絶すれば、その穴埋めだけで300万人以上の新規雇用が必要になる。

②**年次有給休暇の完全取得**　日本の労働者1人当たりの年次有給休暇付与日数は18・1日であり、フランスの30日、イギリスの

4労働週、ドイツの24日など、EU諸国と比べて極めて低い水準にある。にもかかわらず取得率は47・6％と5割を切り、実際の取得日数は10日にすぎない（厚生労働省「就労条件総合調査」）。これを改めるためには、EU諸国のように、生産計画のなかに年休完全取得を前提にした要員計画をたてる必要があり、そのためには、151・5万人の雇用増が必要になる。

③週休2日制の完全実施　週休2日制は、日本でも一般的な制度として定着しているが、「就労条件総合調査」（2014年）によると、「週休1日制または週休1日半制」をとっている企業が、まだ7・8％もある。週休2日制を完全実施するには、12・9万人の雇用者増が必要になる。

以上の①〜③を合計すると、穴埋めだけで464・8万人の新規雇用増が発生する。そのために必要な原資16・95兆円である。財務省「法人企業統計」（2014年度）によれば、日本企業（全規模）の内部留保は543・1兆円（うち大企業分は299・5兆円）にのぼっている。国の予算は約97兆円だから、その5・6倍もため込んでいることになる。これほどまで内部留保をため込む必要はどこにもない。そのわずか3・12％を活用すれば、「働くルール」を確立することができる。

第2は、正社員を希望する非正規労働者の正規化である。EU労働指令では、フルタイムからパートタイム労働への移行、あるいはパートタイム労働からのフルタイム労働への移行についての労働者の要求にたいして、雇用者は配慮義務があるだけでなく、有期契約の反復更新についての正当な理由、最長期間または更新回数の上限が定められるなど、正社員を希望する非正社員の正社員化のルールが確立されている。

総務省の「労働力調査・詳細集計」２０１４年によれば、非正規社員は雇用者全体の37・4％、１９６２万人存在し、そもそも働くルールがきちんと適用されていない。非正規社員のうち３６２万人が正社員になることを望んでいる。その正社員化をはかる必要がある。そのために必要な原資は６・10兆円であり、内部留保の１・12％となる。

雇用・労働条件の改善は、企業の労務コストを上昇させるが、労働者、国民の生活を改善することになり、家計消費需要の拡大を通じて新たな国内生産を誘発し、ＧＤＰ（国内総生産＝付加価値）や雇用および税収を増加させる。産業連関表を利用してその経済効果を試算したところ、次のことが分かった。まず、不払い労働根絶、年休完全収得および週休２日制完全実施による、働くルールの確立によって、国内生産が15・68兆円誘発され、それによってＧＤＰが８・７兆円増加する。同様に、非正規の正規化を行えば、国内生産が10・05兆円誘発され、ＧＤＰが４・５兆円増加する。

日本の14年のＧＤＰは約４９０兆円だから、「働くルール」の確立によって、ＧＤＰは２・７％増えることになる。「働くルール」の確立は、日本経済を内需中心の健全な成長軌道に乗せるうえで大きな役割をはたすことになる。そのためにも、企業がため込む内部留保を、賃上げや「働くルール」の確立による雇用の改善に活用させることが重要になっている。

4 「働くルール」確立への課題

(1) フランスの経験は何を示すか

「働くルール」は、労働運動の歴史が示すように、労働者と労働組合のたたかいのなかで確立されてきた。たとえば、フランスのような年5週間にも及ぶバカンスは、日本では考えられないことだ。しかし、フランスのバカンスは、最初からそうだったわけではない。バカンスの始まりは1936年にさかのぼるが、最初は2週間だった。当時のフランスでは、1919年に商工業における1日8時間・週48時間労働に関する法が制定されていたが、実際には、長時間労働が横行していた。1930年代にはいっても、工場労働者は1日15時間働き、休みは日曜だけという状況だった。長期休暇ということでは、年に1~2週間休業する工場もあったが、その間、労働者は無給で収入減になり、長期休暇は労働者に歓迎されなかった。

そのフランスでどうしてバカンスが実現されるようになったのか。バカンス実現の直接の契機は、１９３０年代に引き起こされた世界大恐慌だった。この影響を受けて、フランスも深刻な経済危機に直面し、大量の失業者がうまれた。当時、フランスでは、ドイツにおけるナチスの台頭などファシズムの危険が迫るなかで、１９３４年に、共産党と社会党が中心になって反ファシズム統一戦線（人民連合）が結成され、36年春の総選挙に向けて、人民戦線選挙綱領がまとめられた。このなかに、週40時間労働制と２週間の年次有給休暇が盛り込まれていた。その基本的な構想は、ワークシェアリング（仕事の分かち合い）の考え方から、労働時間を短縮し、有給休暇を増大することによって雇用を創出する、雇用創出で失業者が再雇用されれば、雇用所得が増加し、国内需要が拡大する、そうすれば景気も回復し、経済危機を克服できるというものであった。

36年の総選挙で、人民連合が右派ブロックを打ち破って勝利し、レオン・ブリュム内閣が発足することになった。一方、人民連合の前進に大きな役割をはたしたフランスの労働者は、社会変革と労働者の権利の拡大、週40時間労働制の実現、賃金引き上げを要求して、２００万人の労働者がストライキや工場占拠のたたかいに立ち上がった。追いつめられた経営者団体ＣＧＰＦがブリュム政権にＣＧＴ（フランス労働総同盟）との交渉の橋渡しを依頼して実現したのが、オテル・マティニョン（首相官邸）で36年6月に行われた労使交渉だった。この交渉で「マティニョン協定」が締結され、組合結成の自由、7～15％の賃上げなど労働者の要求を実現したのである。ブリュム政権は、労働者の高揚したたたかいを背景に、週40時間労働法を成立させるとともに、2週間の有給休暇を付与する法律も制定した。これがフランスのバカンスの始まりとなった。

フランスの労働者は、経済危機の打開と自らの切実な要求を結合し、国民的な世論と運動を広げる中で、民主的政府を実現し、バカンスをはじめとした「働くルール」を国の法律で実現してきたのである。日本の労働組合も、フランスの経験に学び、国の法律として「働くルール」を確立する運動を本格的に進める時期に来ているのではなかろうか。

（2）新たな歴史的転機を迎える中で

日本でも、労働者・労働組合が国民に働きかけ、国民世論の支持をえて、政治の流れを変えることができれば、人間らしく働くルールを国の法律として確立することはできる。いま、そうした方向に政治の流れを変える絶好のチャンスを迎えている。

安倍暴走政治への怒りが日本列島を覆っている。立憲主義と民主主義、憲法を守れ、野党は共同して安倍政権を打倒しよう、という政治の転換を求める運動が広がっている。

政治変革を求める客観的条件が大きく成熟しつつある。労働者と労働組合が、これらの運動の先頭に立って奮闘すると同時に、安倍政権の「働き方改革」に反対する取り組みと、人間らしく働くルールの確立を求める運動とを結合して、安倍暴走内閣打倒の取り組みを前進させることが期待されている。労働者・労働組合が、この取り組みを国民的なたたかいとして発展させることができれば、労働者の要求を実現する民主的政府実現の展望を切り開くことができるし、そのなかで、働くルールもまた確立することができる。野党共闘が前進するなかで日本共産党、民進党、生活の党、社民党が長時間労働を規制する労働基準法改正案を国会に共同提出するという新しい動きも生まれている。政治が転換すれば、働くルールが今の状況では考えられない速さで、一気に前進する可能性があることをフランスの経験は教えている。

新たな歴史的転機を迎えるなかで、「働くルール」の実現をめざす労働組合の新たな奮闘が期待されている。

第6章　「アベノミクス」の現在と労働者のたたかい

生熊茂実

はじめに

かつて私は、「アベノミクス」（今では「アベノミクス第1ステージ」と言わなければならないが）について、次のように述べた。それは、「アベノミクス」の「第3の矢」である「規制緩和による成長戦略」こそ、その根幹をなすものであること、なかでも「世界で一番企業が活動しやすい国に」というスローガンに示されたように、「安倍雇用改革」が規制緩和戦略の中心をなすと見るべきだと。そして企業活動を支える労働者を企業の意のままに自由に使えるようにする「雇用改革」が「アベノミクス」の不可欠の課題であり、「アベノミクス」において「安倍雇用改革」は絶対的な位置を持つと指摘した。（２０１４年7月「労働総研クォータリー」第95号）

現在すすめられている「アベノミクス第2ステージ」による「新・三本の矢」（「希望を生み出す強い経済」、「夢を紡ぐ子育て支援」、「安心につながる社会保障」）は２０１５年9月19日の「安保関連法制（戦争法）」強行採決直後の24日に打ち出された。このねらいは「安保関連法制（戦争法）」強行に反対する巨大な国民的運動に対して、労働者・国民の眼を「経済」に逸《そ》らすという側面とともに、「第1ステージ」での矛盾を糊塗《こと》し、大企業の利益最優先の政策を強行突破するために、いっそう労働者・国民に対する経済的、イデオロギー的攻撃を強めようとしているものととらえる必要がある。

しかし「アベノミクス第2ステージ」は、その側面だけにとどまらない。その裏側ですすめられる憲法第9条の改悪をふくむ「明文改憲」に向けた反動強権政治と一体のものである。そのためには、安倍首相は、なりふりかまわず利用できるものはなんでも利用する、どんなウソでもつくことをためらわない。「強靭《きょうじん》な国にする」「この道以外にない」、このような言葉を安倍首相は多用してきた。実は、この言葉は独裁者ヒットラーの言葉そのものである。まさにヒットラーをまねた恐るべき手法にまで踏み込んでいる。

この章では、このような「アベノミクス」が労働者にどのような影響を与えてきたか、労働者の意識がどのように変化してきたかについて述べたい。そして「アベノミクス」の誤りと破綻を明らかにし、現在の安倍政権の政策打ち出しと関連づけて、労働者・国民の立場に立つ日本経済立て直しの道を明らかにしたい。

1 「アベノミクス第1ステージ」は、労働者・労働組合にどう受け止められたか

(1)「円安」がもたらしたもの

「アベノミクス第1ステージ」は、周知のように「三本の矢」を掲げた。「第1の矢」が「大胆な金融緩和」、「第2の矢」が「機動的な財政出動」、すなわち公共事業による需要創出であり、そして「第3の矢」が「規制緩和による成長戦略」であった。

最初に状況が変化したのが、「大胆な金融緩和」のもとでの急激な「円安」であった。この「円安」がすすんだ背景には、ヨーロッパの景気後退など大きな国際経済の変化があったが、国民と労働者・労働組合には、直接的に「アベノミクス」の金融緩和政策による「円安」と受け止められた。その結果、輸出大企業とりわけ自動車、電機産業の大企業などでは、史上最高の利益をあげるという事態が続出した。「円安」がすすめば、これらは当然予想された事態であった。そして、このような大企業の労働者には、いわゆるボーナス（労働組合運動では「一

時金」という）が大きく増額された。

それに続いて安倍政権は、「アベノミクス成功のためには、労働者の賃金を上げて消費を増やし経済の好循環を示さなければならない」とした。それは、大企業の巨額の利益を放置しておけば労働者・国民の不満が高まり、社会的矛盾が大きく広がることへの対応でもあった。そういうなかで、マスコミが「官製春闘」と揶揄した「財界へのベースアップ要請」を強めた。大企業の経営者は、「法人税減税」など安倍政権が大企業の利益拡大の政策をすすめてきたこともあり、労働者、労働組合の「消費増税」など物価上昇のもとでの賃金引き上げ要求の高まりも無視できなくなり、春闘において久しく遠ざかっていた「ベースアップ」を低額でありながらも2014年から「復活」させた。

このような状況は、大企業や製品の輸出比重が高い企業で働く労働者・労働組合には、ともかくにも「アベノミクス」によって自らの働く企業の利益は増え、賃金・一時金も増えたと好感を持って受け止められたことは間違いない。それは必ずしも自民党支持ではない労働者にも影響を与えた。ここで私自身の不明も言わなければならない。私は、「円安は輸出大企業には膨大な利益をもたらすが、中小企業には利益をもたらさない」と考えていた。このことは事実だが、そんな私のなかでも「円安になれば国内生産や設備投資も増えるから、中小企業にも少しは仕事が増えるだろう」という思い込みがあった。もちろん、中小中堅企業でも、業種によっては仕事が増えたところもあるが、中小製造業全体に仕事が増えることはなかった。とりわけ2015年になってからは、「アベノミクスの前より仕事が少なくなった」という経営者からの声が聞こえるようになった。なぜ、そうだったのかは次節で述べたい。

(2) 財政出動、「公共事業」について

「アベノミクス」でなくとも、景気刺激のために「公共事業」をおこなって人為的に需要をつくりだすことは、政権の古典的手法である。ましてや2011年の「東日本大震災」からの被災地復興のためには、政権の思惑は別として不可欠の「公共事業」がある。また「2020年東京オリンピック招致」が決定し、「アベノミクス」による「公共事業」とあいまって、東京を中心にして「公共事業」が巨大なものに広がった。

こういうなかで建設土木産業での「人手不足」は著しく、また建設土木機械関連でも仕事が大きく増えた。労働者の待遇改善に好条件が生まれたはずであった。「公共工事設計労務単価」も3割を超えて引き上げられた。それでも岩手、宮城、福島などの大震災被災地の復興事業では、予定落札価格の低さや労働者が集まらないなどの要因で「入札不調」が多発し、復興事業がすすまない事態が生まれている。さらに建設業界の不況が長期化したなかで、多くの建設労

働者が他の業界に転職してしまい、「人手不足」の解消が困難になっている。そして建設土木大企業の利益は増えても、末端の建設労働者の賃金がなかなか上がらないという悲鳴が、いまだに聞こえてくる。「経済の好循環」なるものは生まれていない。

いっぽう「公共事業」の拡大は、国の財政悪化をいっそう進行させ、とうとう国債発行残高が１０００兆円を超えた。安倍政権はそれを口実にして、社会保障や教育など、国民の最低限の生活保障や子育て教育への支出の抑制や削減を強行している。

（３）「安倍雇用改革」＝雇用規制の緩和

「アベノミクス」における「成長戦略」の中心である「雇用改革」の名による雇用規制の緩和は、「非正規雇用労働者の拡大」と「正社員改革」の２つの方向ですすめられた。

２００８年の「リーマンショック」によって、「派遣労働者」や「有期雇用労働者」が企業の都合であっという間に雇用と住居さえも失うという現実が、労働者・国民に「可視化」され、きわめて不十分ではあるが「派遣労働者」や「有期雇用労働者」の雇用安定に向けて「労働者派遣法」と「労働契約法」が「改正」された。その流れを逆行させたのが「安倍雇用改革」である。

逆行の最初は、2012年の労働契約法「改正」で認められた「有期雇用労働者が契約を繰り返して5年を超えて雇用された場合の無期雇用への転換申込権」に穴を開けることであった。この規定は、不十分ながらも「5年間も働かせるなら無期雇用契約に」と有期雇用から無期雇用への転換を法的に保障させるものであった。その効力は法施行から5年後、つまり2017年に発生するので、無期雇用転換の対象になる労働者は生まれていなかったにもかかわらず、早くも2013年6月の「日本再興戦略」で「研究者等の労働契約法の課題に関する検討」を掲げて、逆流をつくり出すことをねらった。

これは「安倍政権」と財界による無期雇用への転換申込権を葬り去る並々ならぬ決意を示すものだった。2013年12月に自民党を中心とした議員立法で「研究開発力強化法改正」を強行し「研究期間が5年では短い」とのゴマカシで、「研究者・大学教員の有期雇用から無期雇用への転換権を5年から10年に延ばす」改悪が強行され、2014年4月から施行された。雇用の問題なのに厚生労働委員会でなく文教科学委員会で審議されるなど、これまでの常識では考えられない政権ぐるみの異常な雇用破壊がおこなわれていることが明らかになった。

次の突破口が「労働者派遣法改悪」であった。「労働者派遣法改悪」阻止のたたかいは、「安保関連法制（戦争法）」反対の大きな国民的運動と連動しながら、労働組合運動の潮流の違いを越える共同の運動が前進し、審議のなかでも法案の重大な矛盾を次々に明らかにして政権を追い詰めた。しかし昨年9月に強行成立させられることとなった。

今回の「労働者派遣法改悪」は、労働者派遣の「大原則」である「臨時的・一時的労働に限る」、「常用労働者との代替禁止」を事実上撤廃したことに「異次元」の改悪ともいうべき特徴があった。労働者派遣の期間制限を「業務単位」から「人単位」に置き換えることで、経営者は実質的に永久に派遣労働を利用できることとなり、正社員のやっていた仕事を派遣労働に置き換えることが容易になった。この改悪で、２０１２年の労働者派遣法「改正」による派遣労働を3年超利用した場合の「みなし直接雇用申し込み」は実質的になくなり、法律的には派遣労働者は直接雇用・正社員への道がほとんど閉ざされ、「永久派遣労働者」「生涯派遣労働者」とならざるをえなくなった。

それを打ち破るための今回の「改悪」に対するとりくみでは、派遣先の労働組合の役割が決定的に重要になる。法文上の規定だけにとらわれず、団体交渉権も活用して、経営者に、①派遣労働を導入する理由、必要性、合理性を明らかにさせる、②派遣労働の業務範囲、人数、期間について、その合理性があるかどうか説明を求める、③派遣労働は「一時的・臨時的労働」の原則が曲がりなりにも残り、経営者も「常用労働者との代替禁止」を正面からは否定できなくなるなかで、それに反する長期間の派遣労働は許さない、つまり派遣労働者の直接雇用を求めるという労働組合のとりくみが必要となる。そうすれば、派遣労働者を直接雇用に転換させる道は大きく開けてくるし、実現例もいくつも生まれている。

2 「アベノミクス」について、労働者の意識はどんな変化をしたか

（1）労働者と「アベノミクス」の現在

先にも述べたように、2014年と2015年の春闘において安倍政権の財界への「ベースアップ要請」、「円安」等により膨大な利益をあげた大企業を中心に、低額にしても「ベースアップ」が実施された。全労連や春闘共闘で賃金引き上げにとりくんだ労働組合や企業内中立労組でも「ベースアップ」をふくむ賃上げ闘争にとりくみ、低額ではあったが賃金引き上げを実現した。また「格差是正」を実現するために、最低賃金の引き上げにも力を入れ、東京では2012年から4年間で合計57円の時給の引き上げ（1日8時間労働で日給は4年間で456円増、1年当たり114円の増となる）があった。しかしながら、2016年1月の厚生労働省毎月勤労統計調査では、正社員もふくめた実質賃金は4年連続低下をしており、労働者の生活悪化に

歯止めはかかっていない（グラフ1）。とりわけ労働組合のない中小企業での賃金引き上げは、ほとんどすすんでいない。自動車産業での有期雇用労働者の賃金引き上げをみても1年当たり日給（実働8時間）100円であり、東京や神奈川の最低賃金引き上げ額にも追いついていない。雇用形態による賃金格差は、いっそう広がった。

グラフ1　実質賃金は4年続けてマイナス

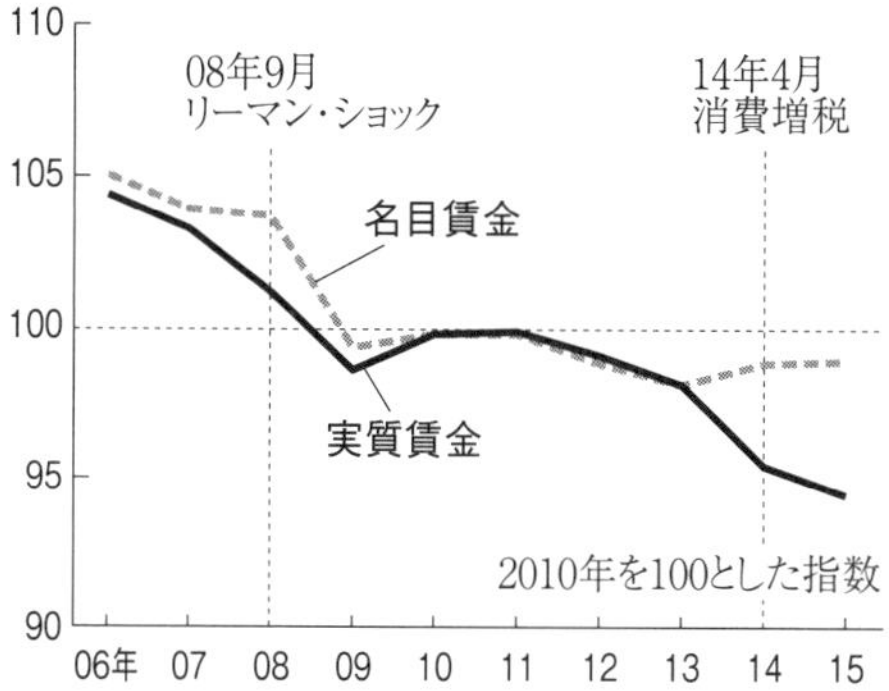

2016年春闘においても、安倍政権は引き続いて財界等に「ベースアップ」という言葉は使わなかったが、「賃金引き上げ」を要請した。また「最低賃金も毎年3％引き上げて全国平均1000円に」と打ち出した。そうしなければ国内需要が増えず、日本経済の立て直しができないことを安倍政権も知っているからである。しかしその前提は、「経済成長」「生産性向上」である。

ご存じの方も多いと思うが、2016年春闘に向けては前年までと異なって政府・連合・経団連等による「政労使会議」がおこなわれなかった。それは「連合が（労働法制改革など）生産性の向上に非協力的」（政権幹部）などとして休止状態（朝日新聞2015年10月22日付）と報道されたように、「アベノミクス」の賃上げは「生産性向上」すなわち「雇用・労働時間規制緩和＝労働法制改悪」が前提であることを自ら公言したのである。安倍政権は、「連合」をも「アベノミクス」に取り込むことをねらっていたが、「雇用・労働時間規制破壊」に反対する多くの労働者の声によって、それが頓挫していることが示されていると言えよう。

２０１６年春闘の状況をみると、大企業のベースアップは２０１５年に比べれば、ほぼ半分に低下した。すでに要求段階から、「連合」が昨年より要求基準を引き下げ、また個別大企業労組も要求を昨年の半分程度に引き下げているという状況があった。結果は、史上最高の２兆８０００億円もの巨額の利益を上げたトヨタ自動車が前年の４０００円のベースアップから１５００円にダウン、日産が５０００円から３０００円にダウン、電機大企業では３０００円から１５００円へのダウンなどとなった。

２０１６年春闘でのベースアップ大幅ダウンに示されたように、「アベノミクス」による「経済の好循環」の失敗は明らかになってきている。

朝日新聞２０１６年3月17日付は「官製春闘ベア失速」「ベア低調　アベノミクスに影」と見出しをつけ、「賃上げを『経済の好循環のカギ』と位置づけてきたアベノミクスの限界も浮かび上がらせた」と、「アベノミクス」に対するきびしい評価を下している。

なぜ「アベノミクス」は誤っており失敗したのか。それは、「アベノミクス」の「大胆な金融緩和」によってつくりだされた「円安」は輸出大企業に膨大な利益をもたらしたが、その実態は為替差益による利益拡大に過ぎず、輸出量も生産量も逆に減少しているからである（グラフ2）。

その原因は、想像を超えるほど海外生産がすすんでいることであり、現在も輸出大企業が引き続き海外生産拡大をすすめているからである。これでは、「円安」になり輸出大企業が利益を上げても国内生産は増えず、中小企業や下請企業に仕事がまわらないことは明白である。この現実が明らかになるなかで、多くの労働者や中小企業にとって、「アベノミクスの恩恵がまだ来ない」のでなく「来ることはない」という実感が広がっている。

グラフ2　輸出額と輸出量の推移

（2010年＝100とした指数）

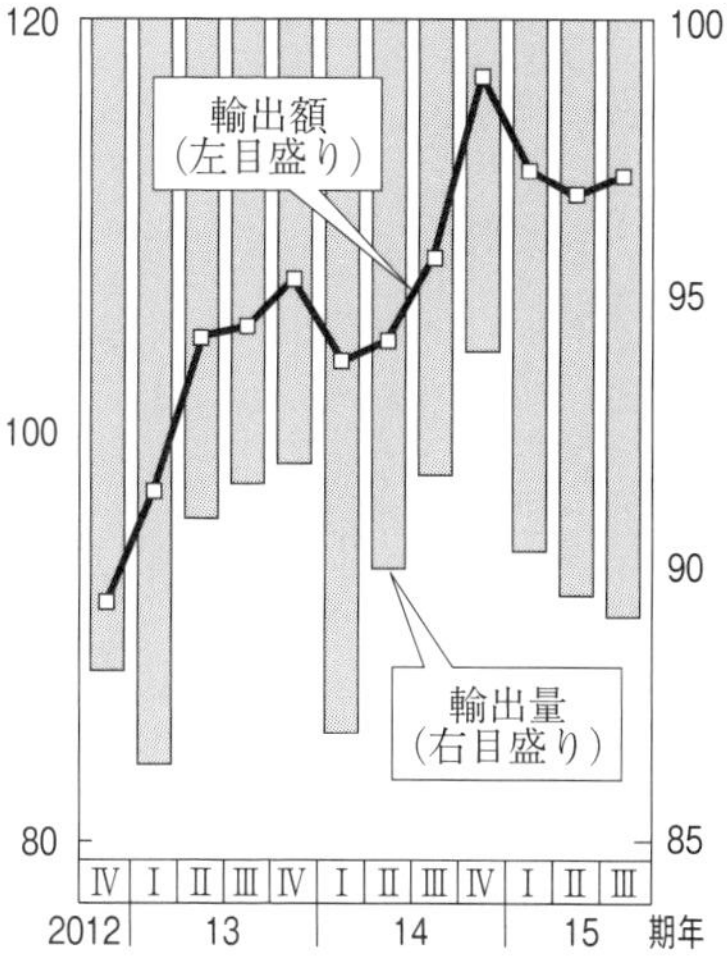

（2）「アベノミクス」への幻想は崩壊しつつある

「アベノミクス」に対する意識の変化を朝日新聞世論調査で見てみよう。2016年3月12日、13日調査では（カッコ内は2015

グラフ3　安倍首相の経済政策で、日本経済が成長することを…

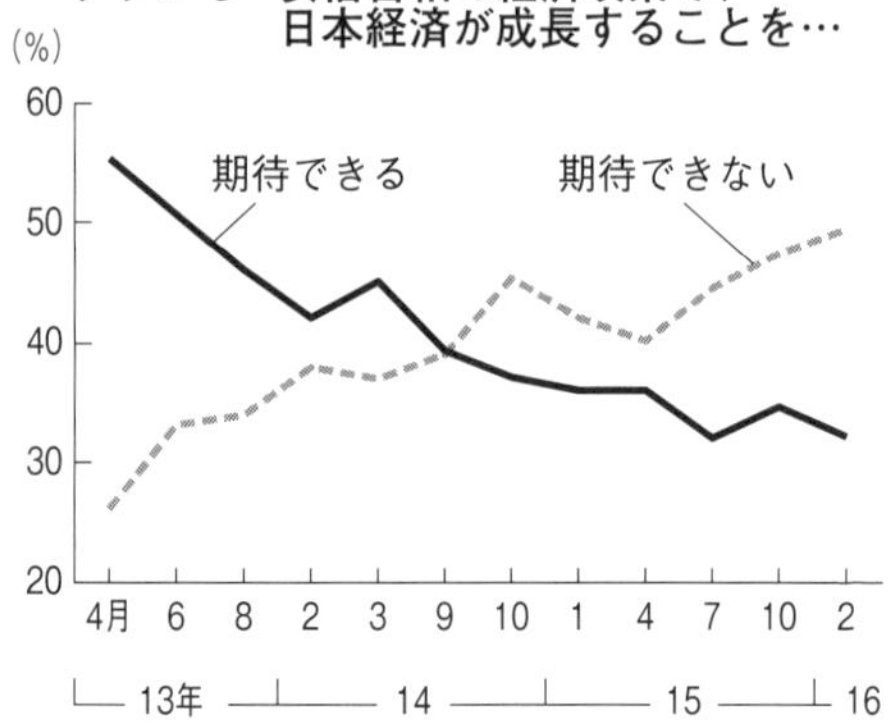

年9月6日、7日調査)、安倍内閣支持は44%(47%)であり、「安倍政権になってから景気が回復したという実感があるか」―「ある」が17%、「ない」が76%(比較なし)、そして「安倍首相の経済政策が賃金や雇用が増えることに結びついていると思うか」―「思う」が24%(28%)、「思わない」が62%(53%)である。

その直前の2016年2月13日、14日の調査によると、「安倍首相の経済政策で日本経済の成長が期待できるか」―「期待できる」が32%、「期待できない」が49%である。この質問項目における変化をたどると、2013年6月調査では「期待できる」が51%、「期待できない」が33%と「期待できる」が大きく上回り、2014年9月調査では「期待できる」と「期待できない」が同じ39%と並び、今回は「期待できない」が「期待できる」を大きく上回るという明白な逆転現象が見られ、「アベノミクス」に対する幻想は崩壊しつつあることが示されている(グラフ3)。

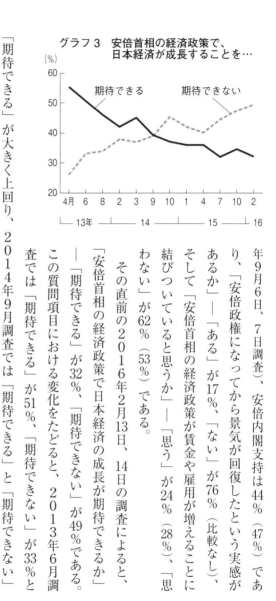

３　引き続き「雇用・労働時間規制破壊」攻撃が強まっている

（１）「労働時間規制破壊」の仕組み

「労働時間規制」を根本から破壊する「労働基準法改悪法案」が、２０１６年通常国会に継続審議とされている。２０１５年通常国会では、「労働者派遣法改悪阻止」や「安保関連法制（戦争法）廃案」の運動が大きく高まるなかで、審議に入れずに継続審議とされたものである。この法案による「労働時間規制緩和」は、「８時間労働」の大原則を取り払い、際限のない長時間深夜労働を自由にする「高度プロフェッショナル労働制度」の導入、および「裁量労働」を「提案型営業」などに拡大適用することが中心である。

「高度プロフェッショナル労働制度」は、①年収にして１０００万円程度の労働者、②高度な職種の労働者を対象として「労働時間」の制限をはずすと言われている。これは、グローバルな働き方に合わせるものであり、24時間労働が前提にされている。そういうなかで労働者の

「健康管理」のための「休日・休息」については、以下のいずれかの措置をとればよいことになっている。①24時間以内に厚労省の定める休息時間をとる、②1カ月ないし3カ月において厚労省の定める「健康管理時間」を超えない、③4週で4日、かつ年間で104日の休日をとることである。この措置は「いずれか」であり、このうち一つだけをまもれば違法ではない。例として③の場合をとってみれば、4週で4日の休日ということは、24日間連続24時間労働をして、最後に4日間休日をとればよいということになる。できるはずはないが、これでも違法とされないのである。どれだけ長時間労働、深夜労働が強要されるのか、恐るべき悪法だと言わなくてはならない。いっぽう使用者の「安全配慮義務」は、「8時間労働」でいうところの1カ月100時間残業の労働者に産業医との面接をさせることだけである。これは厚生労働省が認めているたった1カ月で過労死の危険が生ずる労働時間である。残業80時間が2カ月以上連続すれば過労死の危険という労働時間をはるかに上回っており、これでは「過労死」「過労自死」、健康破壊が蔓延《まんえん》することは想像に難くない。

収入要件は1075万円以上とされているが年収として保障されているものではない。法案では「使用者から支払われると見込まれる賃金の額を1年当たりの賃金に換算した額が基準年間平均給与額の三倍の額を相当程度上回る」とされているが、「1年当たりの賃金に換算した」というのがミソであり、厚生労働省の見解でも「分割した短期間でも年収に換算して1075

万円なら認められる」のである。ということは、残業・休日労働、深夜割増等ふくめて月額90万円以上の場合だけには「労働時間適用除外」を利用することができる。労働組合のある企業では時間外割増は法定の125％を上回り130％以上が相当多く、そして月60時間を超える時間外割増は150％以上となる。一般的には休日労働も法定休日だけでなく土曜日や祝日の労働も135％割増になる、深夜労働になればさらに25％割増になる。そういう条件で計算すると月収45万円程度の労働者が1カ月100時間以上の残業・休日出勤、深夜労働をすると、月収90万円の水準になる。決して、ごく一部の労働者だけの問題ではない。そうすると、1カ月の残業が100時間を超えるような期間だけ「労働時間適用除外」にすれば、年収1075万円という保障はなくなる。また、いったん導入されれば収入要件は引き下げられる恐れが大きい。すでに財界は、少なくとも労働者の1割への適用と言っており、年収400万円程度までの引き下げをねらっていることは、同様な法案が計画された2006年の事態からも明らかである。

また、「提案型営業」に裁量労働を適用することも重大問題である。かつて営業職には「営業手当」の支払いで残業代が払われなかったことがあったが、現在は携帯電話などの普及もあり、労働時間管理ができるので、残業代支払いが義務づけられている。

現在の営業は、ほとんどの企業で「提案型営業」が通常の方法になっており、客先のニーズを把握して積極的に提案しなければ受注は望めない。裁量労働の「提案型営業」への適用拡大は、財界でささやかれているように、「高度プロフェッショナル労働制度」より広範に使われる危険が大きい。

（2）検討が始まった「解雇の金銭解決」

「解雇の金銭解決制度」創設が、厚生労働省の検討会で論議されている。現在の検討の中心的議論は、解雇を金銭支払いで解決する金額の一般的水準をつくることができるかどうかに集中している。これは「アベノミクス」による産業の「新陳代謝」によって労働者の「新陳代謝」をおこなう、並びに海外資本の導入を積極的にすすめるために、「透明性のある雇用終了制度」という口実で正社員を含む労働者の解雇を金銭的支払いによって、自由におこなえるようにするものである。

解雇をめぐる裁判では、現在でも勝訴した労働者が希望すれば金銭での解決はできる。そういうなかでこの制度を創設することのねらいは、使用者が敗訴しても復職させずに金銭で解決できるようにするためのものでしかない。そういう批判が強いので、労働者側だけに金銭解決の申し立てを認めればいいという話もあるが、制度の創設自体が許されないのである。

日本の法律では「解雇無効でも就労請求権がない」という問題がある。これを改善することこそ必要である。それでも復職させなければ「賃金を定年まで支払い続けなければならない」ことが、経営者に解雇をためらわせている。それが一定の「相場」による金銭支払いによって解雇できるなら、経営者には解雇への衝動が強まることは疑いない。制度ができれば、労働者には「復職できない」というあきらめが生まれ、争わなくなるだろう。いっぽう経営者にとっては解雇を決断するハードルが下がり解雇が増え、さらに金銭解決の水準すら下がっていくことになる。

すでに、日本ＩＢＭにおける「ロックアウト解雇」のような「能力不足」という口実による乱暴な解雇が引き起こされており、このような制度ができれば、解雇の乱発による「解雇自由」の社会につながることは明らかである。ＩＢＭのたたかいでは、全労連をはじめとする労働組合のたたかいと弁護団の奮闘で、２０１６年3月28日東京地裁において、使用者が一方的に「能力不足」と認定し改善の努力の手立てを尽くさない解雇は無効という判決をかちとることができた。「解雇自由」をねらう「アベノミクス」の「雇用破壊」の動きに対してクサビを打ち込むことができた。

4 「アベ政治」の危険性の強まりと打開の展望

前述したように「アベノミクス第2ステージ」が「安保関連法制（戦争法）」強行直後に大々的に打ち出され、労働者・国民の眼を「戦争法」から経済に逸らすとともに、その後の事態が明瞭に示したように、安倍政権は労働者・国民に真実が見えない間に、「政権維持」と「憲法明文改悪」のためならなんでもやるという強権政治を続けている。

強権政治の側面は、高市総務大臣が「政権批判に偏っている」と政権が認めたときには、テレビの電波を停止することもあるという発言に典型的に表れた。これは憲法で保障されている「言論の自由」へのきわめて乱暴な攻撃であり、報道機関を萎縮させせコントロールしようとする恐るべき性格を持っている。

同時に「アベ政治」は、世論の批判が強いとみると、手のひらを返したような「甘言」を弄することも平気である。「女性活躍」を「アベノミクス」の看板として打ち出し、美しい言葉で夢を持たそうとしている。しかし、そのねらいの中心は「一億総活躍社会」と同じように、労働力不足が想定されるなかで「低賃金」の使いやすい労働力として女性を労働市場に引き出そうとするものである。そういうなかで「保育園落ちた日本死ね！！！」というブログが日本社会に衝撃を与えた。「何なんだよ日本。一億総活躍社会じゃねーのかよ。昨日見事に保育園落ちたわ。どうすんだよ私活躍出来ねーじゃねーか。」――言葉は乱暴だが女性が働き続けられない怒りの告発だった。これについて国会で質問を受けた安倍首相は「匿名だから事実かどうかわからない」と答弁し社会的批判で「炎上」すると豹変し、保育所の待機児童をなくすという発言を繰り返すようになった。しかし「定員緩和」などその場しのぎの政策では、保育労働者不足解消の道も出せず、保育の質的低下の危険を省りみないと言わなければならない。

また「格差拡大」で世論の批判が強まると「同一労働同一賃金」という言葉を打ち出す。ところが、昨年国会に提出された「同一労働同一賃金法案」の「均等待遇」を自公与党が「均衡処遇」に骨抜きしていることには頬かぶりである。安倍政権の「同一労働同一賃金」に期待するだけでは、格差や差別を解決するものにはならないだろう。急いで労働者・労働組合の側から、「同一労働同一賃金」とは、①生計費を土台にして、②賃金引き下げを許さず、③男女や雇用形態による差別をなくして「均等待遇」をおこなうことであることを積極的に打ち出していく必要がある。立ち後れてはならない。また「8時間労働」を破壊する「残業代ゼロ・過労死増加法案」を出しておきながら、「労働時間上限規制」も打ち出した。「労働時間上限規制」では「野党共同法案」が国会に提出されたが、少くとも現在の厚生労働大臣告示にある一カ月

45時間、年間360時間を時間外労働上限規制とする法制化などが求められる。「ブラック企業」など労働問題にきびしい目が注がれるなかで、安倍政権は追い詰められていることが、その背景にはある。

さらに経済の好循環どころか「アベノミクス」の誤りと破綻が明白になるなかで、安倍政権は、破綻を加速した8%への消費増税に対する反省も謝罪もなく、「2017年4月の10%への消費税増税」を再延期することを「争点」にして、ことし7月の参議院選挙に打って出ようという話もある。「消費増税を延期するから安倍政権を支持せよ」というのだろうか。自らの悪政を覆い隠し、「消費増税延期」の「正義の味方」を演じようとするのかもしれない。

このように安倍政権は「政権維持」のためなら、なりふり構わずウソもごまかしも乱発する。また「憲法明文改憲」の最大のチャンスとして、そのためには手段を選ばないというきわめて危険な政権である。まさに「詐欺師」である。だから、今後も国民をごまかすためのスローガンを乱発するだろう。手を緩めずに、これらの一つひとつに対するきびしい批判を強める必要がある。2014年の総選挙では、「消費増税延期」を「争点」にして労働者・国民に対する目くらましが成功したという側面がある。しかし、労働者・国民の意識は、この2年間で大きな成長を遂げていることも事実である。

「安倍政権」の支持率を支えてきた「アベノミクス」に対する幻想の崩壊、「アベ政治」による平和主義、立憲主義、民主主義破壊に対する批判が広がっている。また民主党政権の負の遺産である、自公政権に代替できる政権はできないという意識に対しても、「野党共闘」や「国民連合政府」への共感が広がるなど、この2年間の変化は大きい。

「安全保障関連法制（戦争法）廃止」への労働者・国民の願いをいっそう広げるとともに、経済政策としての「アベノミクス」の誤りと破綻をいっそう明らかにすることが重要である。そのポイントの一つは、圧倒的多数の労働者が反対している安倍政権の「雇用・労働時間破壊」こそ、「アベノミクス」そのものであることを明らかにすることである。そうすれば、労働者のなかで「アベノミクス」の幻想を完全に払拭することができる。今回の参議院選挙（2016年）では、安倍政権が矢継ぎ早に打ち出す労働政策に対して、労働者がどういう判断を下すかが、選挙結果に大きな影響を与えるだろう。批判的な目で、その政策を検討するとともに、真に労働者の状態改善をめざす前向きの要求を掲げたたたかいの前進が求められている。

日本経済の立て直しには、さらに、労働者の賃上げや社会保障の充実によって、国民の消費購買力を高めることしかないという世論をいっそう国民的な一致点にすることが重要である。そして、地方経済の再生、地域経済活性化、中小企業の経営安定と発展などを実現するためには、安倍政権に代わる新たな政治を「野党共闘」と大きな国民的共同によってつくりあげることが必要であるという国民的共感を広げることが重要になっている。

終章　アベ政治とアベノミクスの現段階
――「一億総活躍社会」と同一労働同一賃金

下山房雄

1　アベ政治におけるアベノミクスの位置

アベ政治の二本の柱─戦後レジーム＝日本国憲法体制からの脱却理念に基づく改憲実現の策動と、小泉構造改革時代を含む「失われた20年」から脱却すると称する経済政策＝アベノミクスとの関係については、アベノミクスで改憲策動の展開を隠すのだとの批判の論評が支配的であった。しかし、アベノミクスの失敗＝史上空前の企業収益が賃上げの形で庶民に滴り落ちることはない事態がもはや隠せない段階にきた今日、全く別の批判論評が登場するに至った。

民商機関紙「全国商工新聞」の亀井静香インタビューの末尾は次の問答である。――「同時選挙のうわさもありますが、参院選では何が争点になりますか。／総理は憲法改正の話をしているが、あれは目くらまし。選挙で経済を争点にしたら負けるからだよ。野党はそれをつければよい。」（16年2月29日付）

また16年3月22日の日弁連など主催のシンポ「安保関連法施行～私たちができること、しなければならないこと」における浜田邦夫弁護士（元最高裁判事）の講演では「安倍首相は経済の立て直しのために政権に就いたはずなのに、生活や福祉の対極にある『戦争』や『死』を国民に突きつけている」と唱えられたとの報道である（「東京新聞」3月23日付）。

これらの論評は、一方でアベノミクスの唱える経済好循環が賃上げ→内需拡大→国内投資という環には至らず、企業収益の拡大のみに留まっていることがますますはっきり顕在化しており、他方アベ首相の自民党総裁＝首相任期の3年×2＝6年の2018年9月が迫り、任期中に明文改憲をとの彼の宿願（第一次アベ内閣06年9月〜07年9月が07年5月に強行成立させた国民投票法は宿願実現の第一歩）の達成を強く彼が意識するようになった現状況で生まれた新たな論評スタイルと私は理解する。

12年12月の第二次アベ内閣発足以来のアベノミクスは、戦後景気循環の第16循環の拡張期（12年11月〜）に重なり、以来の40カ月、内閣はほとんど毎月「ほぼ回復基調維持」と言い続けることができた。その内容は、金融の異次元緩和による事実上の日銀国債買い入れに拠《よ》る財政出動を除けば、小泉—竹中の「規制緩和」の産業労働政策の継続である。小泉—竹中の「構造改革」が「痛みを伴う」と自称されたのに対して、アベノミクスでは「痛みを伴う」と告げられずに労働者に痛みを与える「雇用改革」などが強行されてきた非継続の特徴はあるのだが……

そして小泉—竹中経済政策の展開は、戦後第14循環の拡張期＝73カ月の「いざなみ景気」であったが、そのパフォーマンスは「失われた20年」に算入される体のものであった。この40カ月のアベノミクス好況が賃金停滞低下と並行する企業収益拡大という資本主義史上異例の展開となっていることは小泉―竹中の「構造改革」時代と共通だ。この両者の共通性が意味することは、アベノミクスの時代も実は「失われた時代」だということだ。

そしてまた「いざなみ景気」が２００７年―08年のアメリカ発信の金融危機（サブプライムローン危機→リーマンショック）に拠って終わりを告げたように、第16循環の拡張期の後退期への交代が中国経済の成長停滞などに拠ってそろそろやってくるだろう。「このところ弱さもみられる」との景気判断を含む政府の16年3月月例経済報告を「東京新聞」3月24日付のトップ記事「景気の減速　政府認める　企業も消費も好循環実現せず」が報じているのも、拡大期もそろそろ終わりかと感じさせるものだ。さらに16年3月30日経済産業省発表の鉱工業生産指数は前月比6・2％減の（10年基準で93・6の）12年12月以来の低水準であった。この状況を経産省は「景気の谷のレベルに落ち込んだ」と分析しながら、基調判断は「一進一退で推移」と言い続けているのだが……（「東京」16年3月30日付夕刊）。

こういうことになるとすれば、なおさら虚偽的プロパガンダとしてのアベノミクス唱道が、戦争が平和だ（第二次大戦中愛国少年だった私がいまでも思い出す「東洋平和のためならば　なんの命が惜しかろう」の「露営の歌」歌詞‼）との「積極的平和主義」を理念とする改憲の叫びと並行する。昨秋以来のアベノミクス第2ステージ＝「新・三本の矢」あるいは「一億総活躍社会」の提唱は、そういう性質のものだ。

2 「一億総活躍社会」に託す財界の意図

『日本再興戦略」２０１５年版』は、その副題「未来への投資・生産性革命」にも示されるように、経済好循環が「着実に回り始め」たので、「需要不足の解消に重きを置いてきたステージから、人口減少下における供給制約の軛《くびき》を乗り越える」第２ステージに入ったと宣言した。その叙述公表の15年6月から数カ月後、15年9月の戦争法強行採決と安倍晋三自民党総裁再選後に、打ち出された新・三本の矢戦略は、その第2ステージの具体化であり、少子高齢化対策の喧伝によってアベノミクスを改めて粉飾し、戦争法―解釈改憲立法の理念を国民に声高く訴え続けながら、同時に経済の強化を目指すという形でアベ政治を推進するものだ。

白川日銀前総裁のもとで日銀理事だった早川英男氏の「新・三本の矢」への論評（富士通総研オピニオン15年11月10日）で、史上最高水準を更新する企業利益のさまが「今の企業部門は、まるで全てを吸収して何も放出しないブラックホールのよう」と表現されているが、生産性向上の成果あるいは付加価値増分を、賃上げや租税納入の形で社会的に還元しようとは決してしない資本の利潤要求の露骨な追求に、規制どころか規制緩和で支援姿勢をとり続けるアベ政治のもとでは、そのブラックホールの揺らぎはない。だがこのブラックホール構造のままで、日本経済は進行し続けるのか？　それに対する危惧不安の財界意識が、今回のアベノミクス第2ステージの言説展開に現れていると私は観た。

第2ステージ展開の政治装置として設営された一億総活躍国民会議の第一回会合（15年10月29日）で、有識者構成員として参加していた榊原経団連会長は、15年1月発表の「経団連ビジョン」（目指すべき国家像の一つに「人口一億人維持」を挙げている）がアベノミクス第2ステージの目指す目標と「まさに軌を一にするもの」と発言している。同じことは16年春闘向けの経団連文書『経営労働政策特別委員会報告　2016年版』の経団連会長名の序文の書き出しにも書かれている。新・三本の矢の第一＝2020年GDP600兆円達成となる経済の強化が「最も重要な点」と、その序文には書かれているが、経団連ビジョンの人口一億人維持がアベノミクス第2ステージビジョン＝一億総活躍プラン（希望出生率1・8実現＆介護離職ゼロ）に継承展開されており、この点で両者は「まさに軌を一」にしている。

16年春闘向け経団連文書本論の第1章は、労働力減少にまで至る人口減少を論じて「人口減少の放置は、日本経済を縮小均衡に陥らせ」、働き手減少による「産業自体の衰退」を招きかねない国家的危機だと叙述している。剰余価値を生む労働力商品が利潤源泉であることを本能的に認識し、労働力縮小世代再生産を脱せねばと自覚しているのだとはいえる。因《ちな》みに、経団連16年春闘文書では「総額人件費の原資は企業が生み出す付加価値」「賃金はあくまで企業が生み出した付加価値を踏まえて総合的に決定」（62、80ページ）といった叙述と並んで「付加価値を生み出し高めていく主体は社員一人ひとり」（31ページ）といった叙述がある。経団連が労働価値説に立ったとは言えまいが、技術革新によって極度に高まった無人化的生産力水準のもとで労働価値説が放棄されるとか、金融操作のみで利潤が確保され続けるとは考えていないことは確かであろう。

しかし少子高齢化は、１９７５年以来の日本型所得政策に拠る賃金停滞と、１９７２年福祉元年の一指標にもなる形で導入された児童手当の給付規制強化にも結果した「福祉見直し」のもとで起こった、出生率２・０割れ構造のもとでの必然である。中国では強制的な「一人っ子政策」下で政治的に実現した長男長女社会が、日本では賃金と社会保障の停滞のもとで経済的に生まれたのである。賃金と社会保障の充実なしに人口維持は有り得ない。

人口維持のための子育て支援や労働人口維持のための介護離職防止、そのための社会的環境整備の費用調達も問題である。アベノミクスの労働政策に、停滞産業から成長産業への労働移動促進策がある。新自由主義の経済理論によれば、自由な労働市場が設定されれば、成長産業の高賃金が労働力を吸引して適切な労働力の社会的再配分がなされるはずだ。しかし保育にしろ介護にしろその切実な社会的需要は貨幣を僅かしか持たない庶民からのものであって、経済的な有効需要にはならない。保育士や介護士の確保に十分な賃金は、公的な財政支援が不可欠である。アベノミクスにその装置はない。あるのは、停滞産業から労働者を追いだすための離職促進の支援、さらには非正規雇用労働者への転身促進に財政を投じることだ。これでは、希望出生率1・8の実現など到底おぼつかない。そして出生率1・8では、出生率1・4レベル下の人口減退趨勢《すうせい》現状より抑制されはするが、それが出生率2・1以下であるかぎり人口維持にはならないのだ。

3 「一億総活躍社会」の実現――年功賃金と同一労働同一賃金

アベノミクスにおける「一億総活躍」の提唱については、アベの戦後レジーム見直し＝美しい国論が戦前回帰羨望《せんぼう》の思想であることから、「産めよ殖やせよ」「一億一心火の玉だ」の戦時スローガンあるいは国家総動員体制の再版だとして反発する論評がかなりある。とりわけ、結婚選択の自由、出産選択の自由を重視するフェミニズムの立場はそうである。しかし、新・三本の矢が目標とする希望出生率1・8は、既婚者34％の「予定こども数」2・07人、未婚者

66％の結婚希望割合89％および理想子ども数2・12人等を因数とする相乗値であるので、フェミニズム的選択権は前提になってはいる。さらにここでの「理想」や「予定」は現状の経済要件のもとでのものだから、それらが改善されれば値はより高まるものだろう。現在の家事育児負担の状況と、正規雇用労働者の長時間労働のもとで、非正規雇用就業を希望する女性が多くなるのと類似の事情で結婚や出産の願望が低くなる。そのことを考慮すれば、家族形成可能な賃金、児童手当や老齢年金等の社会保障、教育・住宅などの社会化・無料化が、希望出生率を2・1以上に高める可能性は十分にあると考えられよう。

さらに社会進歩が、成員個々の「個」の意識発展とともに共同性に生きる心性発展に支えられて行われることを思えば、人生の最初が社会の最少単位3人以上の「きょうだい」のもとで始められる人口部分が一定割合であることが必須とも私は考えている。

そのためにも、家族を維持形成していける賃金と社会保障の構築あるいは再構築が必要だ。その結果としての人口一億維持、そしてまた利潤源泉となる賃労働＝社員活動のみならず広く革命運動を含めての社会文化活動総体的活躍、こういうことならば、国民こぞって「一億総活躍社会」の実現に尽力すべきであろう。しかしそのためには、政治レベルでは、民主党政権の実現した「こども手当」を粉砕した自公政治勢力を退場させ、産業レベルでは、労組交渉力を強めて年次昇給のある年功賃金を標準賃率として確保維持し、それに対応する経験に基づく熟練の発展をキャリアとして形成していく労働改革を実現すること、別言すれば正規雇用労働者の標準賃率の年功的趨勢に非正規雇用労働者の賃率をあわせることこそ同一労働同一賃金原則の日本的＝生涯的実現になるのだと改めて強く考える次第である。

16年1月22日、１９０回国会の首相施政演説のなかで、アベは「一億総活躍への挑戦」の項目のもとに以下のように述べた――「女性が活躍できる社会づくりを加速します。……非正規雇用の皆さんの均衡待遇の確保に取り組みます。……更に、本年取りまとめる『ニッポン一億総活躍プラン』では、同一労働同一賃金の実現に踏み込む考えであります」。官製春闘と言われるような春闘賃上げへのアピール、最賃毎年３％引き上げ（２０２３年に時給１０００円の実現）、これらに続く非正規雇用労働者の待遇改善の掛け声は三度目の賃上げ提唱の言説だ。

しかしながら、16年春闘の成果は財界の冷淡な対応で貧しい結果に終わりそうであり、最賃引き上げについていえば、現行日本の最賃が「職権方式」といわれた如《ごと》くに国の行政的先導決定ができるものなのに、神奈川労連のイニシアチブで起こされた最賃１０００円にとの行政裁判に、被告＝国は訴訟門前払いの姿勢を固持し、横浜地裁判決もその被告主張を認めるものであった。

アベノミクスが今日段階で提起している同一労働同一賃金実現による非正規雇用労働者の賃上げの行方もいまは定かでない。問題はどういう形で同一賃金を実現するのか。それは均等ならぬ均衡待遇と矛盾しないのか。1960年代から繰り返し唱えられてきた年功賃金解体の財界の掛け声にもかかわらず、なお大企業正規雇用労働者のもとに現存する「賃金カーブ」（その維持は会社派労組潮流のナショナルセンター＝「連合」の年々の春闘要求スローガンだ）＝年功賃金趨勢と同一労働同一賃金との関係はどういうものなのか。

こうした問題を考える際に、資本主義の歴史のなかで同一労働同一賃金要求闘争の労組実践の姿と、日本の年功賃金と仕事＝労働との関係の二つについて、次のことを踏まえることが必要である。

まず、市場変動と価格決定の原理論的考察を行っておこう。コストの高い生産物が需要の増大に伴って供給される場合、自由競争のもとでは価格は、高コストの限界値で決まる。農産物市場で差額地代が成立する論拠だ。コストの低い生産物が供給される場合、価格は低コストの限界値で決まり、高コストの生産物は駆逐される。今、日本の労働市場で起きている価格＝賃金運動は、この後者の姿だ。単身女性あるいは世帯生計費を分割して負担する主婦女性が、世帯＝家族生計費で決まっていた男性賃金より低い賃金で雇用される非正規雇用労働者となる論理だ。

19世紀イギリスでは職種別組合の団体交渉による職種賃率が男性熟練労働者のもとで確立していた。その水準は当然に家族＝世帯生計費で規定されていた。第一次世界大戦の男性出征のために生じた女性労働力の新規登場に対して、組合は当初排除の立場をとるが、間もなく同一賃金での雇用を認める立場に立つ。女性にも男性と同じ水準の、つまり家族賃金を支払えとの要求が同一労働同一賃金の要求だ。

ところで日本では当初職種別市場賃金が支配的であったのが、明治末から昭和初めにかけて企業内勤続とリンクする年功賃金が支配的になっていった。年功賃金は経営者の恣《し》意で金額が決められる無規定的賃金との見方があるが、そんなことはない。個人査定に係る恣意的決定（戦後1960年代以降の活動家弾圧→会社派組合確立維持のために行われた賃金差別はその一つ）が重要な機能を果たしていることは確かだが、同時に仕事＝職種とも間接的にあるいは趨勢的にリンクする一つの職種別賃金だ。そのことを、私は大学院修士院生として氏原正治郎《うじはらしょうじろう》先生とともに行った佐久間ダム堰堤工事の調査（1956年）でまずアタマに入れた。土工、とび、重機工など職種によって、年功賃金カーブの形（傾斜・水準）が違うのである。

また昨年読んだ河西宏祐《かわにしひろすけ》『電産型賃金の思想』（平原社、2015年刊）で、電産型賃金体系の2割部分を占める能力給が学歴別賃金だということを学んだ。学歴が（戦前では尋小、高小、旧制中学、専門学校、大学の学歴差が社員工員の身分差別根拠となりながら同時にそれは）仕事＝職種の代理指標となってきたのが日本の年功賃金と考えてきた私になるほどと思わせる河西の研究結果である。8割が年齢別の生活保障給だから、全体として職種別格差が小さい賃金体系であった。学歴＝職種別格差はその後の戦後賃金の変遷のもとで拡大していくが、なお欧米の学歴差と比べれば、戦後日本では格差が小さいのである。

しかし、そうした年功賃金は大企業の男性正規雇用労働者のもとで典型的に成立したものだ。そして格差は、臨時工・社外工など雇用形態別の格差、そして中小零細企業労働者との格差の方が巨大となった。女性の賃労働者化は、その巨大な格差の底辺労働者の拡大という形で、そして近年ではそこに新たに男性労働者の若手新規労働者（やがては中年男性労働者）が加わったばかりか、正規雇用労働者の処遇の非正規雇用化も進んでいる。

北川恵海『ちょっと今から仕事やめてくる』（角川書店・メディアワークス文庫、２０１５年――私はこの本の存在を「婦民新聞」連載の「文学の風景」４９８回で知った。同紙16年2月29日付）は、そんな青年労働者を描いて共感をよび、１年で40万部を売った小説だ。大学時代に就活で苦労して就職した営業職だが、パワハラに曝《さら》されながらセールス競争に成果を挙げ尽力をするブラック労働で、自死の誘惑と闘いながらの生活である。そこにこういう叙述がある――「俺はいつから笑わなくなったのだろう。ビデオを巻き戻したような、時間をひたすら消化していく毎日。どんなに頑張っても給料は横這い。」つまり、正社員でありながら昇給がない！

連合の２０１６春闘方針の中小共闘方針・非正規共闘方針に「定昇制度の確立」「昇給ルールの導入・明確化」との文言がある。この「方針」がどの程度実践され、どの程度成果をあげているのかについて私は不知であるが、そういう実践が同一労働同一賃金の日本的実現、つまり大企業正規雇用労働者が維持している学歴＝大職種群別の年功賃金への均等化実現（力関係上まずは均衡的接近――正規雇用労働者にあって非正規雇用労働者に支給適用がないボーナス、退職金、交通費、年次昇給、社会保障加入など量規定は将来均等をめざしつつ取りあえずは支給適用を開始するのも同一労働同一賃金実現の重要な途だ）として、積極的意義を持つと私は考える。

アベノミクスは、小泉構造改革と同じく、結局は資本の搾取欲求の野蛮な社会的規制なき貫徹である。アベノミクスの叱咤激励のもとでの「官製春闘」だが財界の冷淡な受け止めで貧しい成果でしかないのも資本主義の原理上、当然である。資本論の相対的剰余価値生産の論理のそのままの姿が、高度成長以降の日本の姿である。つまり、生産力発展の果実はすべて剰余価値の増大に吸い込まれ（全てを吸い込むブラックホール‼）、実質賃金は良くて停滞（この4年は低下）のままなのだ。この状態からは、国家の社会政策強化によるか、労組の団体交渉力強化によってしか、脱却はできない。

社会政策についていえば、福祉国家的発達のごく未熟だった歴史の水準の上ではあるが、発達した資本主義国で最強の共産党＝日本共産党の頑張りもあって、国家の経済社会政策民主化の展望が多少は観測される。しかし社会的規制力のもう一つの柱たる労組の力についていえば、高度成長期には欧米諸国と比べて中位のストライキ発生率が、今日、年間労働者一人当たりストライキ日数が四捨五入でゼロ日という異例の労組活動不振国になってしまった。

１９４５～50年のレッドパージ、および80年代半ばの臨調行革のもと組合差別＝不当労働行為によって行われた国鉄解雇ＪＲ不採用の二つの国家の政策、そして60年代以降の賃金差別、仕事差別、時には殴る蹴るの白色テロをも行使しながら行われた企業経営レベルの労務管理、これらの歴史的帰結としての日本労組の機能低下である。アベノミクスあるいはアベ政治に対する政治レベルと産業レベルの闘いが、そうした日本の構造を克服することを期待する。

執筆者紹介（掲載順）

序　章　安倍政権の野望とアベノミクス――富国強兵のゆくえ

牧野　富夫（まきの　とみお）

奥付参照

第１章　アベノミクスの国民的総括

友寄　英隆（ともより　ひでたか）

1942年生まれ。経済研究者。著書に『アベノミクスと日本資本主義――差し迫る「日本経済の崖」』（2014年、新日本出版社）など多数。

第２章　「アベノミクス」とＴＰＰ
――ＴＰＰからの撤退で、国民生活の安定を

萩原　伸次郎（はぎわら　しんじろう）

1947年生まれ。横浜国立大学名誉教授。著書に『日本の構造「改革」とＴＰＰ―ワシントン発の経済「改革」』（2011年、新日本出版社）など多数。

第３章　ＴＰＰ、インフラ輸出、安保法制と経団連

山中　敏裕（やまなか　としひろ）

1959年生まれ。日本大学准教授。著書に『日本的労使関係の変貌』(共著、1991年、大月書店)など。

第４章　命運尽きる異次元金融緩和政策

建部　正義（たてべ　まさよし）

1944年生まれ。中央大学名誉教授。著書に『21世紀型世界経済危機と金融政策』（2013年、新日本出版社）など多数。

第５章　重大化する「働く貧困」とアベノミクス
――「働くルール」の確立で打開へ

藤田　宏（ふじた　ひろし）

1947年生まれ。労働運動総合研究所常任理事、同事務局次長。著書に『労働ビッグバン』（共著、2007年、新日本出版社）など。

第６章　「アベノミクス」の現在と労働者のたたかい

生熊　茂実（いくま　しげみ）

1948年生まれ。日本金属製造情報通信労働組合（ＪＭＩＴＵ）中央執行委員長、全労連副議長。著書に『労働ビッグバン』（共著、2007年、新日本出版社）など。

終　章　アベ政治とアベノミクスの現段階
――「一億総活躍社会」と同一労働同一賃金

下山　房雄（しもやま　ふさお）

1933年生まれ。九州大学・下関市立大学各名誉教授。著書に『日本賃金学説史』（1966年、日本評論社）、『現代世界と労働運動』（1997年、御茶の水書房）など。

牧野　富夫（まきの　とみお）
1937年熊本県生まれ。1962年、日本大学大学院修士課程修了。
日本大学名誉教授（副総長などを歴任）、労働運動総合研究所顧問。
主な著書に『労働ビッグバン』（共著、2007年、新日本出版社）、『構造改革は国民をどこへ導くか』（2003年、同）、『「日本的経営」の崩壊とホワイトカラー』（1999年、同）、『人間らしい生活と賃金』（1996年、同）など多数。

アベノミクス崩壊《ほうかい》——その原因《げんいん》を問《と》う

2016年6月20日　初　版

編著者　牧　野　富　夫
発行者　田　所　稔

郵便番号　151-0051　東京都渋谷区千駄ヶ谷4-25-6
発　行　所　株式会社　新　日　本　出　版　社
電話　03（3423）8402（営業）
03（3423）9323（編集）
info@shinnihon-net.co.jp
www.shinnihon-net.co.jp
振替番号　00130-0-13681
印刷・製本　光陽メディア

落丁・乱丁がありましたらおとりかえいたします。

JASRAC　出　1606212 － 601
ISBN978-4-406-06032-5　C0031　Printed in Japan